Luise von Kobell

König Ludwig II von Bayern und die Kunst

Luise von Kobell

König Ludwig II von Bayern und die Kunst

ISBN/EAN: 9783743319899

Hergestellt in Europa, USA, Kanada, Australien, Japan

Cover: Foto ©Thomas Meinert / pixelio.de

Manufactured and distributed by brebook publishing software
(www.brebook.com)

Luise von Kobell

König Ludwig II von Bayern und die Kunst

König Ludwig II. von Bayern und die Kunst.

König Ludwig II. von Bayern und die Kunst.

Von

Louise von Kobell

Mit einem Titelbild in Photogravüre, 10 Kunstbeilagen, 6 doppelseitigen
Vollbildern und zahlreichen Textillustrationen

1. bis 7. Tausend.

München
Kunstverlag von Jos. Albert
Kaulbachstraße 51a
1898

St. Georg mit dem Drachen.

Wandgemälde von Kollmesberger im Thronsaal, Neuschwanstein.

Zwickel-Figur aus
dem Thronsaal der
Residenz zu München.

Das Vererbte und das Anerzogene sind zwei Mächte, welche das Seelenleben des Menschen zum großen Teil bestimmen. Aus ihnen kann man nicht nur die Thaten und die Gedankenrichtung eines Individuums erklären, sondern sogar die zukünftige Handlungsweise desselben mutmaßen. Die Wirkung jener zwei Mächte tritt um so deutlicher hervor, je weniger die betreffende Persönlichkeit in der Entwicklung ihres Ichs gehemmt ist, und je höher sie sich durch ihre Geburt über das allgemeine Menschenniveau erhebt. Kein Wunder also, daß sich dieses bei König Ludwig II. so augenscheinlich ausgeprägt.

Am 25. August 1845 erblickte er im Schlosse zu Nymphenburg das Licht der Welt. Seine Eltern, Kronprinz Maximilian von Bayern, und dessen Gemahlin Maria, k. Prinzessin von Preußen, waren glücklich über die Geburt ihres Sohnes. Königin Therese wiegte ihren erwünschten Enkel auf den Armen; in der Taufe erhielt er den Namen seines Großvaters Ludwig. Im Volk hallte die Freude des Fürstenhauses wider.

Die Amme des Neugeborenen betete ihren Säugling an, die Kindeswärterin desgleichen. Als er dem Wiegen- und Schlummerleben entwachsen war, bekam der nunmehrige Kronprinz*) eine Bonne, die aus reiner Zuneigung dessen Selbstgefühl hegte und pflegte.

*) Nach König Ludwigs I. Abdankung im Jahre 1848 bestieg Maximilian II. den Thron.

1

Jugendbildnis König Ludwig II

„Der Kronprinz ist stets der Erste," meinte sie und danach hatte man sich bei den Spielen des Thronerben mit seinem jüngeren Bruder, Prinz Otto, und mit eingeladenen Knaben zu richten. Ob der Kronprinz der Behendeste war oder nicht, „er war der Erste" Und fast ehe er deutlich sprechen konnte, hatte ihm eine französische Bonne ihre Muttersprache lieb und geläufig gemacht, wobei auch Lehrsätze wie „l'état c'est moi" und „tel est notre bon plaisir" aus bloßer Unterwürfigkeit mit eingeflochten wurden. Sein französischer Sprachlehrer schätzte sich glücklich, bisweilen als Faß von den Füßchen des lachenden „très gracieux prince royal" hin und her gerollt zu werden.

Die Königin hatte für jeden ihrer Söhne eine Farbe bestimmt, für Otto die rote, für Ludwig die blaue, bei Einbänden von Büchern,

Deckenfries aus dem Wohnzimmer, Neuschwanstein.

Zeichnungs- und Musikheften, bei Mappen, kleinen Schmuckgegen-
ständen u. s. w., und Ludwig bevorzugte das ihm in seiner Kindheit
zugeteilte Blau so lange er lebte.

Ein längeres Augenleiden und ein Sichselbstüberlassensein gab
dem Kronprinzen häufig Gelegenheit, wachend zu träumen.

„Aber Euere Königliche Hoheit müssen sich ja ohne jegliche Beschäftigung langweilen, weshalb lassen Sie sich nicht etwas vorlesen,“
fragte ihn teilnehmend eines Tages der Stiftsprobst von Töllinger,
da er den Kronprinzen allein auf einem Sofa sitzend, im verdunkelten
Zimmer antraf. „O ich langweile mich gar nicht,“ gab Ludwig zur
Antwort, „ich denke mir verschiedene Dinge aus, und unterhalte
mich sehr gut dabei.“ Dieses träumerische Wachen und Gedanken-
ausspinnen wurde ihm mehr und mehr zum willkommenen Zeitvertreib. —
Die politischen Grundsätze eines absolutistisch gesinnten Oheims, dessen
Prachtliebe Ludwig bewunderte, blieben bei seinem angeborenen
Majestätsgefühl nicht ohne Wirkung. Einen häufig wiederholten
Anschauungsunterricht gaben ihm die Abbildungen mittelalterlicher
Sagen an den Wänden des Schlosses Hohenschwangau, und einen
unwiderstehlichen Einfluß übte auf ihn der Anblick des Schwanes,
dem man dort in allen möglichen Darstellungen auf Schritt und Tritt
begegnet. Der alljährliche Aufenthalt in dieser Ritterburg regte Ludwigs
lebhafte Phantasie um so mehr an, als seines Vaters Hang zur Ro-
mantik erblich auf Ludwig übergegangen war, gleich seines Großvaters
Kunstliebe und Baulust. War ja schon in früher Kindheit ein Baukasten
Ludwigs Lieblingsspielzeug. Im Alter von dreizehn Jahren entwarf

1*

4

er ein am Hintersee bei Berchtesgaden zu erbauendes Jagdhaus; indes blieb es bei der Zeichnung, welche im Album seiner königlichen Mutter Aufnahme fand.

Weder jugendliche Kraftspiele noch fröhliche, große Reisen zogen den Kronprinzen von seinem phantastischen Innenleben ab.

Lehrer und Erzieher waren brave, rechtliche Männer, aber für das Geniale in ihres Zöglings Wesen hatten sie wenig Verständnis.

Spaziergang im Park von Hohenschwangau.

Eine zeitweise, wenn auch nur scheinbare Mitbegeisterung, zu dem Zwecke, seinen Ideenflug zu lenken und in die rechten Bahnen zu bringen, hätte ihn erwärmt und ihm genützt. Der pädagogische Grenzwall trieb Ludwigs Schwärmereien in dessen Seelenwinkel zurück.

Das familienhafte Hintereinanderspazierengehen am Lande langweilte den Kronprinzen, ebenso die kindlich patriarchalische Beschäftigung der Königin am Spinnrad, an welcher Arbeit sich auch die Oberisthofmeisterin nebst den Hofdamen beteiligen mußte. Das aus dem Gespinnst gefertigte Linnen wurde zu Hemdchen armer Kinder benützt und

Königin Marie mit ihren Hofdamen.

zu Servietten für die Kaffeepartien vor dem „Schweizerhaus"*) in der Bleckenau; da kredenzte bisweilen die anmutige Königin selbst den Kaffee, und ließ sich dann das harmlose Vergnügen nicht nehmen, das gebrauchte Service höchst eigenhändig zu waschen. Der etikettvolle Kronprinz hatte auch für derartige aus Frohsinn gewobene Stunden wenig Sinn.

Wie ein Stich ging es dem jungen stolzen Wittelsbacher durch's Herz, wenn er in der Familie wegen einer „Überspanntheit" ausgelacht wurde, ein nüchternes Wort seiner Mutter, das in seine Extase fiel, verdroß ihn bis ins Mark. Schwer vergaß er eine ihm mißfällige Bemerkung oder Begebenheit, und wo er konnte, mied er Menschen, selbst Gegenden, die unangenehme Erinnerungen in ihm wach riefen.

*) Maximilian II. ließ als Kronprinz das Schweizerhaus nach dem Muster desjenigen zu Fischbach in Schlesien erbauen und schenkte es seiner Gemahlin, welche in Fischbach ihre Kindheit zugebracht hatte.

So das landschaftlich schöne Berchtesgaden. Angezogen von dem mystischen Reiz des dort befindlichen Kirchhofes, begab er sich in früher Jugend einmal auf denselben und schwärmte beim Mondlicht inmitte der Gräber und Kreuze. Die elterliche Zurechtweisung kränkte ihn tief und mag die Hauptursache seiner späteren Abneigung gegen Berchtesgaden gewesen sein.

Schweizerhaus in der Bleckenau.

Eine ihm erwiesene Aufmerksamkeit hingegen nahm Ludwig voll Erkenntlichkeit auf und gab sie hundertfach zurück, als er in der Lage dazu war.

Obgleich er seinen Bruder Prinz Otto gern mochte, machte er doch stets seine Überlegenheit ihm gegenüber geltend, um so mehr als sich der liebenswürdige, jovialere Prinz Otto den Launen und Wünschen des Thronerben meist willig fügte. Bei der Verschiedenheit ihrer Naturen ist es erklärlich, daß die Geschmacksrichtungen wesentlich aus-

Die Prinzen Ludwig und Otto in Hohenschwangau.

einander gingen, der Kronprinz liebte die Einsamkeit, Prinz Otto die Geselligkeit. Dieser interessierte sich für das Militär, jener für die Kunst. Ludwig fand ein Vergnügen am Botanisieren und am Fischen, Prinz Otto am Jagen; die Lust am Reiten jedoch war beiden schon in der Kindheit zu eigen, und beide wurden tüchtige Reiter; als König trieb Ludwig diesen Sport sogar bis zur Tollkühnheit.

Würdig betrauerte er den am 10. März 1864 erfolgten Tod seines Vaters König Maximilian II. und eifrigst begann er den Regentenpflichten nachzukommen, aber eine seiner ersten selbständigen Thaten als König war die Berufung Richard Wagners. Über Hals und Kopf wurde der Kabinetssekretär Staatsrat v. Pfistermeister entsandt, um den Komponisten zu Ludwig II. zu geleiten.

Nach einigen Kreuz- und Querfahrten entdeckte er ihn in Stuttgart, und freudigst leistete Wagner der Einladung Folge. (Anfangs Mai 1864.) Seit Ludwig an seinem 16. Geburtstag als erste, große

Oper Lohengrin gehört und gesehen, war Richard Wagner sein Heros geworden. Im Grunde genommen war Ludwig nicht musikalisch; sein einstiger Klavierlehrer hatte den Tag, an dem er ihm als Kronprinzen die letzte Unterrichtsstunde gegeben, einen „Glückstag" genannt, wegen des Talentmangels seines hohen Zöglings. Aber wenn Ludwig es in der Beherrschung eines Instrumentes nie weit brachte, so steht doch fest, daß er die Musik außerordentlich liebte, ob er nun dem innigen Vortrage eines cellospielenden Hofkavaliers lauschte, oder den virtuosen chromatischen Läufen seines „Vorspielers" Hans v. Bülow, oder den

Zwickel-Figur aus dem Thronsaal, Neuschwanstein.

Arien und Liedern einer Vorsängerin, oder den Aufführungen seiner Lieblingsopern.

Wagner vergeistigte durch seine Musik die dem Monarchen vertrauten Sagen des Mittelalters und erdachte die sinnbestrickenden Ausstattungen. — — Was Ludwig bisher von Pracht geträumt, sollte nun feste Gestalt annehmen, es galt zu schaffen nach königlicher Weise. In erster Reihe entstand seine Wohnung im nordwestlichen Eckpavillon der Residenz. Der zu jener führende Korridor wurde durch den Historienmaler M. Echter mit Fresken: „Der Ring der Nibelungen" geschmückt. Den k. Gemächern sollte sich alsbald ein feenhafter Wintergarten anschließen. Architekten, Maler, Bildhauer, Stickerinnen, Gold- und Silberarbeiter wurden berufen und mit Aufträgen beladen. Der König studierte die Stilarten und machte sich deren Kenntnis zu eigen. Die Entwürfe mußten ihm zur Prüfung vor-

Alberich und die Rheintöchter
aus den M. Echter'schen Nibelungen-Fresken.

gelegt werden, und mit derselben Sicherheit, mit der er bei diktierten Briefen vor deren Absendung oft ein Wort ausstrich und ein treffenderes darüber schrieb, verfuhr er bei den eingereichten Zeichnungen. Durch kurze Angaben verbesserte er Ornamente und Trachten, befahl auch ein Wappen, einen Engelskopf, ein Symbol, an diese, statt an jene Stelle zu setzen, und traf zum Staunen der Künstler stets das Rechte. Malerische

Siegfried und Mime
aus den M. Echter'schen Nibelungen Freslen.

Lizenzen bei geschichtlichen Bildern litt Ludwig II. nicht. Alles mußte historisch getreu wiedergegeben sein, so schmerzlich es den nach Farbenharmonie und effektvoller Anordnung strebenden Künstlern oft fiel.

Einen gemalten Etiquettefehler rügte er wie einen in Fleisch und Blut begangenen. So sandte er trotz der schönen Komposition das von ihm bestellte „Lever de Marie Antoinette" dem Maler zurück, mit dem Bescheide, „Hofdamen fächelten sich nicht vor Marie Antoinette und hielten keinen Dialog mit Hofkavalieren, weil ihnen die Ehrfurcht geböte, ihre Fächer gefaltet nach unten zu kehren, und stillzuschweigen; überdies wünsche er den Komponisten Gluck unter den Aufwartenden zu sehen." — Heinrich von Pechmann nahm die gewünschten Änderungen vor und erntete dafür die vollste Zufriedenheit des Monarchen.

Gesamtansicht des Wintergartens.

„Nach geschehener Arbeit ist gut ruhen," dachte der Künstler, als er sich eines Abends behaglich zu Bett legte. Mitten im tiefen Schlaf weckte ihn ein heftiges Läuten an der Hausglocke; unmutig sprang er auf, öffnete die Thüre und schnaubte den Ruhestörer, der sich als Postbote entpuppte und ein Riesenpaket überbrachte, mit den Worten an: „Das hätten Sie doch auch morgen früh bringen können." „Nein, es ist befohlen, die königlichen Sendungen sofort zu expedieren!", entgegnete dieser dem überraschten Maler. Das Paket enthielt einen prächtigen Blumenstrauß, der für die Gattin des Künstlers bestimmt war, und dessen Schönheit sie für das unzeitgemäße Aufwecken entschädigte. Aber nicht genug, die allerhöchste Huld bekundete sich noch am nächsten Tage durch die Spende eines kostbaren Diamantringes.

Stuhl im Arbeitszimmer, Herrenchiemsee.

Beobachtete aber von vornherein der Künstler getreu die Kulturgeschichte in Sitte, Farbe und Form, so konnte er des wärmsten Lobes gewiß sein, und bei der schon erwähnten Freigebigkeit des Königs schienen für alle, welchen seine Aufträge zukamen, medicäische Zustände anzubrechen.

Nur die königliche Ungeduld warf ihre Schatten um sich, wenn sich der Monarch auch für die hiedurch entstandenen Mühen besonders erkenntlich zeigte. In anderthalb Tagen sollte z. B. Fräulein Jörres einmal die Einbanddecke eines Albums mit Alpenrosen und Edelweiß sticken. Es war zum Geschenke für die Kaiserin von Österreich bestimmt.

Viele Hände machten das fast Unmögliche möglich. Der König war derart befriedigt darüber, daß er augenblicklich dem Fräulein einen aus ungefähr 2000 Rosen bestehenden Strauß durch einen reitenden Boten überbringen ließ. Wenn jedoch die gewünschte Zeit nicht eingehalten wurde, so hatte zumeist der reitende Bote spornstreichs der betreffenden Persönlichkeit des Königs Mißfallen zu melden.

„Ich werde sehr ungehalten gegen Sie sein," äußerte der König im Herbste 1869 gegen seinen Hofsekretär Düßlipp, „wenn das für den

Wintergarten, Pavillon.

Hintergrund des Wintergartens bestimmte Bild bis zu meiner Rückkunst nicht vollendet sein wird. Lassen Sie nicht nach, Jank beständig zu treiben. Mehrere Wochen werde ich Sie nicht sehen, wenn Sie diesen Befehl nicht treu vollziehen."

Jank malte den Himalaya als Hintergrund des Wintergartens, zur Abwechslung auch eines der Tiefthäler Indiens.

Ich beschreibe den Wintergarten, sowie die bereits erwähnten Gemächer Ludwigs II. aus eigener Anschauung, da der König mich und meine lieben Kinder zur Betrachtung eingeladen hatte. Nur wenigen ward dieses Vergnügen vergönnt, und so soll es vorgekommen sein, daß sich vornehme Herren als Gärtnergehilfen verkleideten, um

14

Jugendbildnis Ludwig II.

die ihnen verbotenen Herrlichkeiten des Wintergartens zu schauen.

Der Einsamkeit zu liebe beschränkte sich der König auf vier Zimmer im dritten Stocke; sie waren voll Pracht im Stile Ludwigs XIV. nach Zeichnungen des artistischen Hoftheater-Direktors Franz Seitz hergestellt worden. Dieser mit reicher Phantasie begabte Künstler war einer der ersten, die, nach einer langen Periode der Geschmacklosigkeit, die Kunst unter Ludwigs II. Schutzherrschaft in das bayerische Gewerbe wieder einführten.

Durch einen kleinen Vorraum mit Oberlicht gelangte man in das k. Audienz- oder Ministerzimmer, in dessen Mitte ein goldstrotzender, von einem Baldachin überragter Thronsessel stand. Da saß der König zwischen den von dem Baldachin wallenden Hermelinvorhängen und konferierte mit seinen Ministern. In Haltung und

Leda mit dem Schwan. Gemalt von J. Frank nach Boucher.
Blaues Kabinett. Linderhof.

Wesen gehörte er mehr dem 18. als dem 19. Jahrhunderte an; die
ihm vorgetragenen Staatsangelegenheiten verstand er jedoch ganz zeit=
gemäß, den Verhältnissen entsprechend, zu beurteilen.

Auf den Konsoles standen reichgetriebene Leuchter und Prunk=
schalen, der Kamin war mit Vasen geschmückt. Im Plafond sah man
die von Rudolf Seitz (Sohn des Franz Seitz) großartig komponierten
Allegorien der Bavaria, des Krieges und des Friedens. Noch fiel
das dem Spiegel gegenüber befindliche Tafelbild an der Südwand des
Zimmers auf: die Jungfrau von Orleans vor Karl VII. und seinem
Hofe in der Kathedrale zu Rheims. Die dem Königtum mit Leib
und Leben ergebene Jeanne D'Arc gehörte zu Ludwigs II. historischen
Lieblingen. Er hatte eine Abbildung des in Paris ausgestellten
Gemäldes gesehen und wünschte, der Künstler möge es noch einmal
für ihn malen. Der Termin zur Ablieferung, welchen der Maler selbst
stellte, blieb weit hinter des Königs Ungeduld zurück, und da zerschlug

sich die Sache. Nun ward der Hofphotograph Joseph Albert nach
Paris geschickt mit dem Auftrage, eine Aufnahme des Gemäldes in
großem Format zu erwerben und dieselbe dann genau nach dem Vor-
bilde zu kolorieren. Im Ausstellungsraum durfte aber nicht kopiert
werden und so blieb Albert nichts übrig, als sich partienweis die Farben
zu notieren! In seinen vier Wänden ging es dann ans Ausarbeiten.
Obgleich die Aufgabe bei dieser figurenreichen Komposition eine recht
schwierige war, lieferte er dennoch vor anberaumter Frist sein Werk
zur Freude des Königs ab.

Auch das Arbeitszimmer, in welchem Ludwig II. die Vorträge
seines Kabinets= und seines Hofsekretärs entgegennahm, war mit
blauem Seidendamast überzogen. Oberhalb des Thronsessels hing das
von Ferdinand Piloty gemalte „Urteil Salomos“, über dem Kamin ein
Aquarell „Der fliegende Holländer“. Links von der Eingangsthüre
stand ein reichgeschnitztes, vergoldetes Seitentischchen, auf welchem der
König sehr unbequem und räumlich beschränkt, dinierte. Die drei Fenster
gingen auf die Theatinerkirche: das Licht des einen wurde durch die

Trophäe aus der Großen Spiegelgalerie, Herrenchiemsee.

Prachtraum aus dem Schloß
Herrenchiemsee

auf einer Säule stehenden Büste Richard Wagners größenteils ab-
gesperrt. Ein massiv vergoldeter Schrank, vergoldete Engel, welche
über den Zimmerthüren die Wappen Heinrichs IV. von Frankreich
und Ludwigs XIV. hielten, vergoldete Stühle, Tabourets und Spiegel,
die Alabasterstatuen Lohengrins und des hl. Georg warfen ihren
Glanz ringsum. Das Deckengemälde stellte Apollo mit seinen Sonnen-
rossen dar, und die vor dem Lichte fliehende Nacht. Es war von
Rudolf Seitz auf Leinwand gemalt und mit großer Mühe in den
Plafond eingefügt worden. Da besichtigte es der König und fand es
höchst gelungen, wünschte jedoch die Aufstellung anders, und zwar so,
daß ihm die Sonnenrosse entgegenführen, wenn er von seinem Schreibtische aus emporsähe. Seitz erkannte sogleich, daß die Beleuchtung
seiner Malerei dann eine falsche sein würde. Er teilte beredt seine
Überzeugung dem Könige mit, und der geistvolle Monarch sah die
Richtigkeit von des Künstlers Behauptung ein. Das Deckengemälde
blieb unbehelligt.

Im Schlafzimmer erhob sich auf einer Estrade das prächtige
Himmelbett, daneben ein Betschemel — das sie einfassende Geländer

2

Wandfüllung aus dem Arbeitszimmer, Herrenchiemsee.

teilte nach altem Muster das Zimmer in zwei Räume. Auf der Brüstung des Geländers stand die Büste des unvermeidlichen Ludwigs XIV., auf einem Prunkkästchen die der Marie Antoinette. Oberhalb des Ankleidespiegels hielten geschnitzte, vergoldete Amoretten eine Krone.

Gemalte Amoretten trugen inmitte des Plafonds einen Kranz, in den vier Eckmedaillons sah man fanfarenblasende Genien. (R. Seitz.) Lebensvoll hat Eduard Schwoiser „Ludwig XIV. und dessen Gefolge in der Kathedrale zu Rheims“ dargestellt, und über den Thüren breiteten sich Fritz Bambergers idyllische Landschaften des Starnberger Sees aus.

Der Waschtisch war besetzt mit Toilettgegenständen, zumeist Schaustücke und kleine Meisterwerke der Ciselierkunst. —

Nacht und Kraft. Aus dem Treppenhaus, Herrenchiemsee.

Von den Fenstern aus schweifte der Blick über die Baumwipfel des Hofgartens.

Im gelben Bibliothekzimmer stellten Aquarelle Begebenheiten aus der bayerischen Geschichte dar. Die Bücher waren in zwei Schränke gereiht, in Metall getriebene und porzellanene Schwäne spreizten ihr künstliches Gefieder auf einem Schreibtische und unterhalb desselben aus: ein genialer Pinsel ließ diese dem Apoll geweihten Vögel in den Zwickeln des Plafonds nisten.

Die Büste des vierzehnten Ludwigs und der Marie Antoinette zählten auch hier zu dem obligaten Zimmerschmuck.

Von diesem Gemache führte ein Laubgang in den Wintergarten. Der Anblick war überwältigend. Im Hintergrunde das schon erwähnte, gemalte Himalayagebirg, emporragende Schneegipfel, Kuppen und Kegel, Zacken und Zinnen, Fels an Fels, Stein auf Stein, und dicht unterhalb grünte und blühte es in der ausgelassensten Farbenpracht. Immer üppiger drängten sich Palmen und Rhododendrongebüsche, Azaleen und Cedern, Orchideen, Kamelien und Bambusse in den Vorgrund, und da wiegten sich auf goldenen Stäben bunte Vögel, flatterten und sangen, denn unmerklich war das Gemälde in den wirklichen Garten übergegangen.

2*

Von der gewölbten Glasdecke hingen in anmutigem Gewirr Heckenrosen herab, Lotosblumen blüten auf einem kleinen See, der ein goldenes Schifflein trug. Die Fama erzählt, eine eingeladene Loreley habe hier eines Tages, sich auf dem Wasser schaukelnd, dem unter einer Platane abseits sitzenden König Lieder vorgetragen.

Wintergarten, Fischerhütte mit See.

Plötzlich habe sie einen Hilieruf ausgestoßen, denn der Kahn hatte umgeschlagen, und sie war ins nasse Element gefallen. Aber die Strophe „halb zog sie ihn, halb sank er hin" blieb ungesungen, denn der König überließ dem herbei befohlenen Kammerdiener die Rettung der Diva.

Wintergarten, Königszelt.

Eine grünschimmernde Wiese grenzte an den See, zu beiden
Seiten des ausfließenden klaren Baches blühten duftende Hyazinthen.
Einst schwammen hier chinesische Enten lustig herum, als sie sich aber
so weit vergaßen, die kostbaren Hyazinthen abzufressen, wurden sie aus
ihrem Paradies vertrieben und in einen gewöhnlichen Teich gesteckt.

Noch sei des Kiosks, der Grotte und der Fischerhütte gedacht,
zu welch letzterer eine Miniaturbrücke führte, alles unter Blumen und
Buschwerk von unsäglicher Poesie. Weilte der König abends in seinem
Eden, so gestaltete eine künstliche Beleuchtung die Szenerie noch
phantastischer. Bisweilen gab er hohen Gästen eine Hoftafel im Winter-

Das für München projektierte Wagner-Festspielhaus nach dem Entwurf von Semper.

Wintergarten: Laubgang.

garten; das Licht spielte dann seine magischen Farbenskalen auf, eine verborgene Musikkapelle Melodien aus den Opern Wagners.

Begeistert war Ludwig II. auf des Meisters Plan eingegangen, in München ein nach dessen Prinzipien konstruiertes, großartiges Festspielhaus auf den Höhen der Maximilians-Anlagen auszuführen. Wagners Freund, Architekt Semper, war mit Anfertigung der Pläne betraut worden. Vom Hofgarten aus sollte eine Straße bis zur Isar angelegt werden, über diese sich eine Brücke wölben, und eine Auffahrt zu dem im reichsten Renaissancestil zu erbauenden Theater führen. Das Modell, das Semper überreichte, entzückte den König und hätte jeden Münchener entzücken sollen, denn der Bau wäre ein Pracht-

monument für Bayerns Hauptstadt geworden, und die Kosten würde
der spätere Gewinn vielfach gedeckt haben. Der Voranschlag für den
Bau bezifferte sich auf rund eine Million Gulden, welcher Betrag
durch Anlage der Straße und der Brücke sich auf etwa fünf Millionen
erhöht hätte. Die nicht weitblickenden Kassabeamten erhoben mit einem
Teile der königlichen Umgebung „wegen der unerschwinglichen Summe"
Widerspruch. An diesem scheiterte der schon weitgereiste Plan.

Das Gerücht, Wagner treibe in der ihm von Ludwig II. über-
lassenen Villa an der Briennerstraße (nun Besitzung des Herrn
Thomas Knorr) sybaritischen Aufwand, nähme die Kabinetskassa über
Gebühr in Anspruch und verführe den König zu schwelgerischem Prunk,
verbreitete sich mehr und mehr. Die Bevölkerung erblickte schließlich
in Wagner des Königs bösen Dämon und arbeitete im Vereine mit
hochgestellten Persönlichkeiten an dessen Entfernung. Gegen des Königs
Sinn, aber dessen Bestimmung gemäß, verließ Wagner am Schlusse

Das Wasser. Treppenhaus Herrenchiemsee

Verhanghalter, Herrend service.

des Jahres 1865 München und begab sich nach Luzern. Der König
überhäufte den Meister nach wie vor mit huldvollen Worten und
Gaben, aber seine Erbitterung gegen die Münchener und gegen Bayerns
Hauptstadt war durch diese Vorgänge entfacht worden.

Trotzdem schien es nach einiger Zeit, als ob sich gerade in
München sonnige Verhältnisse für Ludwig II. erschlössen. Denn er
verlobte sich am 22. Januar 1867 mit Sophie, der anmutigen, jüngsten
Tochter des Herzogs Maximilian in Bayern. Und so sollte ein neues
glückliches Leben in die Residenz einziehen, die bisherige Abgeschlossen-
heit des Königs durch ein heiteres Familien- und Hofleben ersetzt werden.

Geschmackvoll und luxuriös wurden die Hofgartenzimmer für die
zukünftige Königin ausgestattet; in den ersten Werkstätten Münchens
ward gezeichnet, gehämmert, geschnitzt und geschmiedet, um kunstvolles
Geräte und Schmuckwerk zu fertigen.

„Des Leben Höchstes haben sie erworben“, sagt König Ludwig I.
in einem Sonnett, in dem er seinen Enkel und dessen Braut mit dem
Adonis und der Venus eines pompejanischen Gemäldes vergleicht.

Der König schwärmte mit Herzogin Sophie von Musik und Kunst,
tanzte die Française mit ihr auf dem Balle des Fürsten Hohenlohe,
erschien an ihrer Seite im Theater, und im Sommer fuhr er häufig von
Berg auf seinem Schiffe Tristan über den Starnbergersee nach Possen-

König Ludwig, Prinz Otto und Prinz Wilhelm von Hessen.

Brüstung aus dem Sängersaal, Neuschwanstein.

hofen, um im Kreise der dort weilenden herzoglichen Familie schöne
Stunden zu verbringen.

Die Vermählungsfeier war auf den 12. Oktober anberaumt.

Die Denkmünze mit den Brustbildern der Majestäten wurde
geprägt — der mit Amoretten übersäte Hochzeitswagen stand bereit —
die Personen, welche Sophiens Hofstaat bilden sollten, waren bestimmt,
die Anordnungen zu Hof- und Volksfesten getroffen. Da zerschmetterte
der jähe Rückgang der Verlobung alle erhofften Freuden. Weshalb?
Vermutungen schwirrten wie Insekten in der Luft, aber die wirkliche
Ursache blieb unbekannt.*)

Selbstverständlich verschwand augenblicklich aus allen Schaufenstern
der Kunstanstalten die Photographie, welche die hohen Verlobten im
Straßenanzuge zeigte.

Fortan wurde Se. Majestät fast nur mehr einzeln photographiert,
zu den wenigen Ausnahmen zählt das Lichtbild, in welchem sich

---

*) Herzogin Sophie verlobte sich 11. Juli 1868 zu Baden-Baden mit dem
Prinzen Ferdinand von Orléans, Herzog von Alençon, und vermählte sich mit ihm
am 28. September gl. Js. in Possenhofen. Nach fast dreißigjähriger Ehe wurde
am 4. Mai 1897 die liebenswürdige Herzogin von Alençon, welche zu Paris am
Jean Goujon in einem Wohlthätigkeits-Bazar mitwirkte, das Opfer einer furchtbaren
Brandkatastrophe. Ihr trauriges Schicksal erregte allgemeine Teilnahme, um so
mehr als sie ein Beispiel des höchsten Edelmutes gab, dessen Menschen fähig sind.
„Erst müssen die mir anvertrauten jungen Mädchen gerettet werden", lauteten ihre
Worte, als schon die Flammen über ihr loderten; und sie opferte ihr Leben für
das der anderen.

Ludwig II. im Krönungsornat.
Nach dem Gemälde von Ferdinand Piloty. Original im Besitze der
Verlagsbuchhandlung.

Ludwig II. mit seinem Bruder Prinz Otto und mit seinem Vetter Prinz Wilhelm von Hessen aufnehmen ließ, dem jüngsten Sohne des Prinzen Wilhelm von Hessen, und dessen Gemahlin, der Schwester der Königin Marie von Bayern.

Ludwigs II. in Öl gemalte Porträts mußten die Maler meist nach Photographien fertigen, da sich der König selten zu einer Sitzung bequemte.

Eines der schönsten ist das von Ferdinand Piloty nach dem Leben gefertigte Bildnis, welches den Monarchen in Generals=uniform und Hermelinmantel darstellt. (Ganze Figur.) Den Bild=hauern gestattete er seine Sitzung; nur einer Bildhauerin, Fräulein Ney, war es erlaubt, seine Büste nach der Natur zu meißeln. Daß sie bei Beginn ihres Werkes mit dem Stifte Nase und Stirne des Königs abmaß, verwunderte denselben aufs höchste, und er äußerte Dritten gegenüber sein Befremden über diese Freiheit. Während der wiederholten Sitz- ungen hatte der damalige Kabi- netschef von Li- powsky regel- mäßig vorzulesen.

Die Lektüre bot im allgemeinen dem Monarchen so viel Unterhal- tung, daß er die Hofgesellschaften als überflüssig, die Repräsentationen als lästig er- achtete. — Ent- schloß er sich aber dennoch zu einem offiziellen Auf- treten, sei es bei der Kammereröff- nung, bei einer militärischen Pa- rade oder aus son- stigen Anlässen, so bezauberte er stets durch seinen

Ludwig II. als Georgiritter.

Geist und seine Schönheit. Wer ihn in der hermelinverbrämten alt- spanischen Tracht eines Großmeisters des „Georgiritterordens“ gesehen, vergißt seinen Anblick nicht. Nach altem Brauche findet das Ordens- fest alljährlich am 24. April zu München statt.

Die Vorbedingungen zur Aufnahme in den Orden sind 16 Ahnen,

Rapffet des Georgritter-Ordens unter Ludwig II

30

Toilet-Tisch aus Linderhof.

nämlich 8 auf väterlicher und 8 auf mütterlicher Seite. Zum Nach-
weise müssen die Tauf- und Trauscheine vorliegen.

Nach einer Ordenssitzung im Kapitelsaale, in welcher die eingereichten Stammbäume geprüft und tadellos befunden wurden, begeben
sich die Knappen in weißem Atlas, die Ritter den wallenden Federhut
auf dem Haupte, in blausammtenen Talar zur „alten Hofkirche" am
Kapellenhof. Die reich in Silber gestickten Schleppen der Großkomture
(der k. Prinzen) werden je von einem, der Überwurf des Großmeisters
(des Königs) von zwei Pagen getragen. Den Großmeister schmückt an
kostbarer Kette das St. Georgsordenskreuz, das mit Brillanten, Rosetten
und Rubinen besetzt ist und oben einen goldenen Löwenkopf zeigt.
sowie in der Mitte ein goldenes Medaillon mit dem hl. Georg zu
Pferde. Die Hutagraffe in Form eines Sternes mit einer Lilie in
der Mitte ist aus Brillanten und einem Saphir gebildet. Seltene
Gobelins zieren die erwähnte Kirche. Hier hält der Hofprediger eine
Ansprache an die Versammelten, der Hof-Stiftsprobst zelebriert mit

Beihilfe des Hofklerus das Hochamt; er ist in ein rotfarbiges Meß-
gewand gehüllt, welches das vergossene Blut des heiligen Georg
symbolisiert.

Bankett des Georgiritter-Ordens unter Ludwig II.

Die Hofmusiker, Sänger und Sängerinnen lassen in der feinsten
Instrumental- und Vokalharmonie ergreifende Melodien ertönen. Dann

König Ludwig II.

und die Kunst.

Von

Louise von Kobell.

Mit zahlreichen, zum Teil bisher noch unveröffentlichten
Illustrationen und Kunstbeilagen.

Verlag von Jos. Albert, München.

1898.

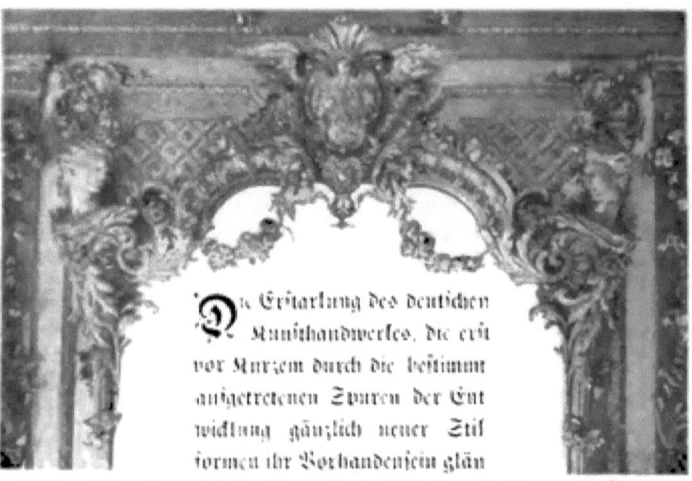

Die Erstarkung des deutschen Kunsthandwerkes, die erst vor Kurzem durch die bestimmt aufgetretenen Spuren der Entwicklung gänzlich neuer Stilformen ihr Vorhandensein glänzend bewiesen hat und damit zu den schönsten Hoffnungen für das Weitergedeihen berechtigt, verdanken wir in erster Linie der kräftigen, persönlichen Initiative König Ludwig II. von Bayern.

König Ludwig, selbst ein Künstler auf dem Throne, hat es wie kaum ein anderer Fürst vor oder nach ihm, verstanden, die für seine künstlerischen Pläne geeigneten Kräfte heranzuziehen und an die richtigen Stellen zu setzen. Der eigenartige, persönliche Kontakt, der zwischen dem Könige und den in seinem Auftrage wirkenden Künstlern bestand, seine bis ins Einzelne gehende geistige Mitarbeit an seinen Schöpfungen, finden in dem vorliegenden Buche eine außerordentlich fesselnde Darstellung.

Die Verfasserin benützte vielfach bisher unbekanntes Material, schöpfte bald aus Äußerungen des Königs, bald aus eigener Anschauung, bald aus Erzählungen der mit den königlichen Aufträgen Betrauten, bald aus Briefen, schildert in ihrer bekannten, lebendigen Weise die Entstehung der Königsbauten, den Aufschwung, den Kunst und Kunstgewerbe aus diesem Anlasse in Bayern und Deutschland genommen, und

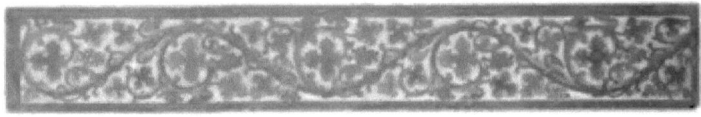

Fortsetzung siehe Umschlagseite 5.

Tannhäuser im Vennsberg.

Gemälde von Siedel in der blauen Grotte, Linderhof.

Sigmunds Kampf mit Hunding.

Aus dem M. Echter'schen Nibelungen-Fresken in der Kgl. Residenz zu München.

Sopha, Linderhof.

legen die Knappen den Ordenseid auf das Evangelium ab, empfangen, unter einer Fülle von Zeremonien, die Sporen, und zwar den linken zuerst, dann Handschuhe, Schild und Schwert, endlich Mantel, Hut und Degen, worauf sie von den Rittern begrüßt und umarmt werden. Etwas theatralisch pompös, aber mit angeborener Majestät, erteilt Ludwig II. den vor ihm knieenden Kandidaten den Ritterschlag; die neuen Ritter aber opfern der Tradition gemäß Schild, Schwert und brennende Kerzen, welche der Zelebrant vor dem Altare in Empfang nimmt. Das auf die Kirchenfeier folgende Bankett im Ritterjaale der Residenz zeigt ein glänzendes, altertümliches Bild.

Der König sitzt, von den Prinzen umgeben, auf erhöhtem Platze, unterhalb reihen sich im Halbkreise die Ritter je nach dem Ordensrange uf Fauteuils, Stühlen und Tabourets um lukullisch bedeckte Tische.

3

Wandfüllung. Schreibzimmer. Herrenchiemsee.

In Mitte der Königstafel prangt die goldene Statue St. Georgs: Der heilige Ritter streckt mit seiner Lanze den Drachen aus emailliertem Gold zu Boden. Sein Pferd ist aus rötlichem Achat gebildet, an den Hufeisen schimmern kleine Diamanten.

Auch auf dem mit Wappen, mit goldemaillierten Löwen und mit Figürchen verzierten Postamente funkelt es von Juwelen, sind doch in diesem von Kurfürst Maximilian I. anno 1637 gestifteten Kunstwerke über 1700 große Edelsteine und Perlen angebracht.

Die Kredenztische weisen zahlreiche Kleinodien auf, welche gemäß Ludwigs II. Befehl aus der Schatzkammer hieher gebracht wurden. Da sieht man eine Flasche aus einem Straußenei geformt, auf einem Nautilus klettern emaillierte Äffchen umher, in einer mit Gold und Rubinen besetzten Krystallschale ist ein Bacchuszug eingeschliffen. Eine goldene Schildkröte hält mit vier Sphinxen eine aus Onix bestehende Muschel empor. Kameen, emaillierte Blüten, Blätter und Mascquerons umschließen einen Pokal von Heliotrop. — auf einem Krug aus Elfenbein kämpfen kunstvoll geschnittene Sarazenen mit Christen. — Tassen und Kannen von Lapis Lazuli, Silber- und goldgetriebene Platten, Teller aus Limoges zeigen zierliche, mythologische

Fenſterſiſſnung. Reuſchmanſtein. Corrider.

Götter und Göttinnen. Hier bilden emaillierte Delphine den Schaft und Deckel eines Pokales aus Chalcedon, und da und dort ſieht man goldene Bienen, ſilberne Hirſche, Eidechſen, Schnecken und Pferdchen aus Korallen, einen Adler aus Perlen, einen kleinen Bären aus Ambra, Hühner aus Edelgeſtein.

Auf den Tafeln duften Speiſen, Blumen und Früchte, der Wein funkelt und perlt in koſtbaren Gläſern, frohgemut unterhalten ſich die Anweſenden.

Es gereicht Ludwig II. zur Ehre, daß er auf Anregung Döllingers die Statuten dieſer hochadeligen Körperſchaft, deren bisheriger Ordenszweck die Verteidigung der Religion war und das Schwertziehen gegen alle, welche die Lehre der unbefleckten Empfängnis Mariä angriffen, im Sinne der chriſtlichen Charitas erweitert und die Ordensbrüder auf die Pflege der Kranken und Verwundeten im Kriege hingewieſen zu haben.*)

*) Die Verehrung des Drachentöters war in ganz Europa verbreitet, England erhob ihn im Orforder Konzil 1222 zum Nationalheiligen, in Genua wie zu Moskau im Kreml thronte er als Schutzpatron. Als Herzſchild ſchmückte ſein Bild das Wappen des Zaren. In Öſterreich, in Franken und Schwaben trugen Ritter das Panier St. Georgs. In Bayern ſoll Herzog Otto III. im 13. Jahrhundert den Orden des hl. Georg ins Leben gerufen haben. Nach mancherlei Änderungen ſeiner Satzungen verſchwand der Orden gänzlich, bis Anfürſt ſpäter Kaiſer Karl Albert VII. den bayeriſchen Hausorden vom hl. Georg 1729 wieder herſtellte. König Ludwig II. gab dem Orden im Jahre 1871 die Grundlage chriſtlicher Mildthätigkeit.

3*

Trotz all' der gebotenen Kostbarkeiten unterzog sich Ludwig II. diesem Feste sowie jedem derartigen nur aus Pflicht, nicht aus Wahl.

Den wahren Genuß an einem Vergnügen bedingte für ihn die Einsamkeit; allein in seiner Loge, im leeren Hause, ergötzte er sich an den Separatvorstellungen im Hof- und im Residenztheater.

Eine von ihm besuchte Blumenausstellung im Glaspalaste zu München entzückte ihn, so lange er sie abgesondert vom Publikum betrachten konnte. „Leider," sagte er, „ließ ich mich bewegen, von der

Höhe der Galerie hinab zu steigen unter die Leute, wodurch der poetische Eindruck zu heilloser Prosa für mich ward. Denn man steigt nicht ungestraft vom Göttermahl hernieder in den Kreis der Sterblichen."

Ergrimmt über das Fehlschlagen seines Planes bezüglich des Festspielhauses zu München, wollte er nur mehr für sich allein bauen, schmücken und genießen. Die prächtigen Königsschlösser, die Ludwig II. erstehen ließ, sollten, seiner Ansicht gemäß, nach seinem Tode in die Luft gesprengt werden, was glücklicher Weise nicht geschah. Sie bergen Meisterwerke der mannigfaltigsten Art und offenbaren das hohe Kunstverständnis dieses Königs.

Consoltisch in Holz geschnitzt.
Herrenchiemsee, Arbeitszimmer.

Plafond in Stuck. Herrenchiemsee, Schlafzimmer.

Es ist wohl von Interesse erst die Hochschulen kennen zu lernen, in welchen Ludwig II. seine künstlerischen Kenntnisse erworben und vermehrt, weshalb sie hier in großen Umrissen verzeichnet seien: Die Residenz, die Galerien und Museen zu München, die Burgruine Hohenstein, die der Monarch im Sommer 1864 besichtigte, gelegentlich seines Besuches bei der in Schwalbach weilenden Kaiserin von Rußland, ferner die schmucken Gärten des Herzogs von Nassau in Biberich, die schönen Rheinufer mit ihren verfallenen Schlössern — der Kölner Dom. — — Ende Oktober 1865 betrachtete der König bei seinem Ausfluge nach der Schweiz das Rütli, die Tellsplatte, die Stauffacher Kapelle, die hohle Gasse in Küßnacht, das Rathaus zu Schwyz, wo ihn bei seinem Rundgang durch die Säle hauptsächlich das alte Gemälde interessierte, das die Tellsage wiedergibt.

Fortan mußten bei den Aufführungen von Schillers Tell im Hoftheater zu München die Szenerien naturgetreu dargestellt werden.

Als der König nach dem Krieg von 1866 die am meisten beschädigten Provinzen Bayerns und die Schlachtfelder besuchte, berührte er auch Bamberg und gewahrte bei Beleuchtung der Stadt den sich in bengalischem Feuer auszeichnenden Dom, ein Meisterwerk spätromanischer Architektur. Des anderen Tages erschaute er im Inneren des Domes das Grabmal Heinrichs II. und Kunigundens, das Elfenbeinkruzifix aus dem 4. Jahrhundert, die Reiterstatue des heiligen Stephan von Ungarn.

In Aschaffenburg bewohnte er das reizend gelegene, im Renaissancestil erbaute Schloß, für welches sein Großvater eine ausgesprochene Vorliebe hegte, nahm, wenn auch flüchtig, die dortige Gemäldegalerie und Bibliothek in Augenschein, dann die romanische Stiftskirche und das „pompejanische Haus", das Zeugnis für den klassischen Sinn Ludwig I ablegt.

Lebhaft regte Ludwig II. sein Aufenthalt in der früheren Residenz der Fürstbischöfe zu Würzburg an mit dem Kaiser= und Spiegelsaal, die so charakteristisch für das 18. Jahrhundert sind.

In Nürnberg beherbergten ihn die kunstvoll eingerichteten Gemächer der Burg, die aus der Zeit Friedrich Barbarossas stammt. Der König durchwanderte die Stadt mit ihren vornehmen und schiefwinkeligen Häusern, musterte verständnisvoll in den ehrwürdigen Kirchen die

Trophäe in Gips.

Vorhanghalter, Linderhof.

Meisterstücke eines Adam Krait, eines Peter Vischer, eines Veit Stoß
und wie all die geschickten Männer heißen, die bei ihrer Händearbeit
mit dem Kopf dachten und mit dem Herzen fühlten. Außer den verschiedenen Kunst- und Gewerbeanstalten besichtigte er das germanische
Museum unter Essenweins Führung. Zu neuen Impulsen in seinen
Kunstschöpfungen machte der Monarch anfangs Juli 1867 mit Prinz
Otto einen Ausflug nach Eisenach. Die Wartburg gefiel ihm derart,
daß er dort vorhandene Motive in seinen Geist aufnahm und später
in Neuschwanstein verwerten ließ.

Auch zog ihn im selben Jahre die Weltausstellung nach Paris.
Inkognito traf er dort mit kleinem Gefolge ein. Ausgestattet mit
historischen Kenntnissen, beschäftigte er sich in den Tuilerien zumeist
mit Ludwig XVI. und mit Marie Antoinette, die ihm mehr galten
als der damalige Inwohner Napoleon III. Trotzdem verstand er sich
gut mit dem Kaiser, und besuchte mit ihm (Kaiserin Eugenie war ab-
wesend) das Schloß zu Compiègne. Hier lebte die Jungfrau von
Orléans für Ludwig II. auf, denn vor den Mauern dieser Stadt
vollzog sich die Schicksalswende des Heldenmädchens durch ihre Ge-
fangennahme seitens der burgundischen und englischen Truppen.

Das unweit von Compiègne auf steiler Anhöhe gelegene Schloß
Pierrefonds, welches 1390 ein Herzog von Orléans erbauen ließ,

und welches ſtilgemäß reſtauriert worden war, verſetzte Ludwig den Zweiten in die tiefſte Ritterromantik. Er hatte ſeine Freude an dem ſtolzen Bau mit ſeinen acht Türmen und ſeinen vielen Schießſcharten,

Spiegelſaal. (D. Kreßzog Baureau.)

auf der Zugbrücke rückte ihm ſeine Einbildungskraft Roß und Reiter vor, Spieß und Schwert, und in den Gemächern hatten ſeine Augen einen Blick für jedes Wappen, jedes Rüſtzeug und Geräte.

Wandmalerei im Theesaal, Neuschwanstein.

Bei der Tafel zu Compiègne schüttelte er die mittelalterlichen Bilder ab und unterhielt sich mit dem Kaiser und den übrigen Tischgenossen, darunter der König von Portugal, Fürst Anton von Hohenzollern-Sigmaringen und sein Sohn Erbprinz Leopold, dessen spätere spanische Thronkandidatur den Kriegs-Zunder ins Pulver warf. Im August 1869 weilte Ludwig II. in der alten Herzogsburg Trausnitz zu Landshut.

Zwei Jahre darauf fuhr er nach Oberammergau, um das Passionsspiel zu sehen. Die lebensvolle Darstellung und innige Frömmigkeit dieser Dorfbewohner, die bisweilen ergreifender spielten als die geübtesten Schauspieler, bewegte den König. Er ließ zur Erinnerung eine Kreuzigungsgruppe aus Stein durch den Bildhauer Halbig fertigen und auf einem Hügel in der Nähe des Ortes aufstellen. Das Kolossaldenkmal war eine moderne Herkulesarbeit, und der Transport nach Oberammergau ein wahres Wagstück. Trotz der sorgsamsten Verpackung und einer Eskorte von Arbeitern fiel eine Figur auf dem Ettalerberg vom Wagen herunter und erschlug einen Steinmetz.

Kreuzigungsgruppe bei Oberammergau.
Von Prof. Halbig.

Plafond in Stuck. Herrenchiemsee, Halle des Gardes du Roi.

Jetzt steht die Gruppe felsenfest, und wenn man durch die Wiesen geht oder aus dem Wald tritt, und auf der Anhöhe den in die Luft ragenden Christus am Kreuz erblickt, ihm zu Füßen die trauernden Gestalten Maria und Johannes, so durchzieht eine eigentümliche Wehmut das Gemüt. Der König hat die rechte Stelle für dies Kunstwerk erwählt.

Jäh seinem Gedankenflug folgend, reiste er am 20. August 1874 unter dem Namen eines Grafen von Berg nach Paris, von da nach Versailles, dem einstigen Musterschlosse Europas. Der König begrüßte es wie etwas altbekanntes, denn aus Beschreibungen und Abbildungen war es ihm von außen und innen vorgestellt worden, auch kannte er die Orangerie, die Wasserkünste und den Park, und doch bot ihm der neue Reiz, hier leibhaftig zu wandeln, viel Vergnügen. Unter diesen Bäumen promenierte Ludwig XIV., in absoluter Königsmacht bald seinen Marschällen, bald seinen Ministern seine Anordnungen kundgebend, ihn vergötternde Dichter, Künstler und Gelehrte durch seine Freigebigkeit beglückend und alle weiblichen Wesen an seinem Hofe bezaubernd, von seiner sittenstrengen Schwägerin „Liselotte" an bis zu seiner leichtlebigsten „Maitresse".

Thürfüllung in Holz geschnitzt.
Herrenchiemsee.

Mit Kennermiene durchschritt Ludwig II. die grands appartements, den Herkules= und den Florasaal, die Spiegelgalerie u. s. w. — in dem Beratungssaal fesselte ihn besonders die Uhr, deren Schlag die Goldstatue des vierzehnten Ludwig mit der über ihm aufgehenden Sonne hervorschnellte, dann musterte er die an= stoßenden Zimmer des Staatsrates, dessen Sitzungen Madame Maintenon bisweilen anwohnte, wobei sie der „große König" der Frage würdigte, „was denkt die Ver= nunft davon?" Auch der Du Barry ward unter Ludwig XV. der Zutritt zum Staatsrat gewährt; das für diese Favo= ritin erbaute Klein=Trianon im Park von Versailles entzückte den bayerischen Mo= narchen, umsomehr als es später Marie Antoinettes Lieblingsaufenthalt geworden. Alles, bis in jede Einzelheit, prägte Ludwig II. seinem Gedächtnisse ein. — Klein=Trianon und das Schloß zu Ver= sailles mußten für ihn in Bayern er= stehen. „Dies ist mein Wille, Amen," lautete das Endergebnis seines Aus= fluges. —

1875 gab die deutsche Kunst= und Gewerbe=Ausstellung zu München dem Könige Anlaß, auf die trefflichen Leist= ungen moderner Meister einzugehen und aus jenem nachhaltigen Nutzen für seine Bestellungen zu ziehen.

Lehnstuhl und Tabourets, Linderhof.

Am 24. August desselben Jahres reiste er nach Rheims, hielt
Rundschau in der an geschichtlichen Denkmalen reichen Stadt und
besah die Kathedrale, in welcher fast alle französischen Könige gekrönt
und gesalbt worden waren. Geschichte und Legende verklärten sich vor
ihm, denn die Kathedrale von Rheims barg bis zur französischen
Revolution die Ampulla mit dem unversiegbaren Öl, das bei der
Salbung des Frankenkönigs Chlodwig eine Taube vom Himmel gebracht haben soll — und an diesem Altar hatte die Jungfrau von
Orléans König Karl VII. zur Krönung geführt.

Jeanne d'Arc, welche Leib und Leben für das Königtum ge-
opfert, war eine der Hauptheiligen seines Geschichtskalenders; der Schwan,
die Taube und der Pfau zählten zu den von ihm auserwählten sym-
bolischen Tieren. Unter den Blumen hatte er die Lilien erkoren. In
natura wuchsen sie in seinem kleinen Wald-Sanktuarium bei Ammer-
land am Starnbergersee, wo er in den ersten Jahren seiner Regierung

Wandfüllung. Herrenchiem'ee.
Salle du conseil.

mit dem einen oder anderen Schwärmer Pläne behufs Wiederherstellung absolutistischer Regierungsformen schmiedete und sich die Ideale in der Kunst ausmalte. Die bour bonische Lilie schmückte Ludwigs II. Garten- beete, Möbel, Teppiche, Vorhänge, Decken.

Einen erhabenen Genuß bereitete ihm im August 1876 der Besuch des Wagner- Theaters zu Bayreuth, wo Darstellungen der „Trilogie" stattfanden.

Ludwigs II. Gepflogenheit gemäß, jeder ihm bereiteten Freude eine königliche Aner- kennung folgen zu lassen, wurde Wagner durch Lob und Spenden von dem Monarchen ausgezeichnet. Unter den letzteren befand sich ein kleines seltenes Kunstwerk aus Elfen- bein, das Anton Dießl nach einer Zeichnung Seders gefertigt. Ein Lichtschirm, auf welchem die Verführungsszene zwischen Parcival und Kundry in Klingsors Zaubergarten geschnitzt ist. Umgeben von tropischen Pflanzen trachtet Kundry den „reinen Thoren" durch Liebkos- ungen zu gewinnen; die von dem schön und lieblich gestalteten Knaben abgewiesenen Buhlerinnen schauen neidisch aus der Ferne herüber; oberhalb Parcivals Haupt bleibt der von Klingsor nach jenem geschleuderte Speer schweben.* Im Hintergrunde erhebt sich des Zauberers Schloß. Alles in Hoch-

* Parcival, ein Bühnenweihefestspiel von Richard Wagner. II. Aufzug.

Detail aus dem Schlafzimmer, Linderhof.

relief vollendet ausgeführt, bei durchscheinendem Lichte von märchen=
hafter Wirkung.

Nach Beendigung einer der in Bayreuth erwähnten Aufführungen
erfrischte sich der König nicht wie andere Sterbliche an Speise und
Trank, sondern an einem Spaziergang im Mondschein durch den Park
der von ihm bewohnten Eremitage.

Der Mond war sein Gestirn, in dessen Silberlicht dünkte ihm
die Natur wunderbar geheimnisvoll, zum Träumen und Sinnen ge=
eignet. In seinem Schlafzimmer zu Hohenschwangau schien ein künst=
licher Mond auf sein Bett — ein künstliches Firmament erglänzte
an der Decke, imitierte Orangenbäume umstanden sein Lager, ein
Wasserfall rauschte ihn in den Schlaf.

Königliche Residenz in München, Festspielseite.

Die alte Linde.

Linderhof.

Eine alte Linde in einsamer Berggegend, unweit Ettal und Hohenschwangau, gab dem grünen Stück Erde im Graswangthal den Namen „Linderhof". König Maximilian II. hatte sich dort ein Jagd= haus gebaut und trieb mit geladenen Gästen auf dem nahen Gebirge das Waidwerk.

Ludwig II. jagte nicht, aber die Waldeinsamkeit zog ihn an, und er nahm daher gerne bei seinen Sommerausflügen in dem Jagdhaus

4

Forſthaus bei Linderhof.

einen zeitweiligen Aufenthalt. Um dieſen dem Könige recht behaglich
zu gestalten, ließ der Vorstand der Kabinetskaſſa die Zimmer ſehr hübſch,
wenn auch nicht prunkvoll, herrichten. In weiß und blau (den bayeriſchen Landesfarben), hatte er ſie ſich ausgedacht, die Möbel von
Ahorn, der Überzug von blauer Seide, gleich der Wandtapete. Und
im kleinen Garten mußte ein Springbrunnen plätſchern unter Alpen-
roſen, Farrenkraut und Enzian und zierlich geordneten Blumenbeeten.
Durch dieſe Umwandlungen hoffte er den König nicht nur zu über-
raſchen und zu befriedigen, ſondern auch weitere Baupläne ferne zu
halten. Allein der Hofkaſſaſekretär denkt und der König lenkt, denn
gerade hier ſollte ſich „Klein-Trianon“ erheben. Und es war nicht Sache
Ludwigs II., einen gefaßten Plan lange unausgeführt zu laſſen, ſomit
entſtanden eilig nach königlichen Weiſungen die Entwürfe, und des
Monarchen Kunstagenten flogen nach Verſailles und Trianon, und
kamen mit Skizzen und Anſichten beladen zurück. Bald dröhnte es in
dem ſonſt ſtillen Thal vom Baumfällen, vom Mauern und Zimmern.

Lindenhof, Frontseite.

Linderhof, Terrassen mit Venustempel.

Der Oberbaudirektor von Dollmann leitete mit strenger Kontrolle den Bau, der 1869 begonnen und 1878 nahezu vollendet wurde. In dem nahen Forsthaus ging es nun zur Mittags= und Abendzeit wie in einer Schenke zu, denn die Arbeit macht durstige Kehlen.

Die Leute nannten das Schloß kurzweg „Linderhof", und diese Bezeichnung ist ihm geblieben; der König pflegte es im engeren Kreise „Meicost-Ettal!" zu heißen, Anagramm von „l'état c'est moi". —

In seinem Beginn glich das Schloß einem Krystall, denn es setzte sich bald dieser, bald jener Teil an; es erhoben sich auf dem ehemaligen Areal des abgebrochenen, und in einiger Entfernung wieder auf= gerichteten Jagdhauses die architektonischen Bildungen. Ludwigs II. Schlafzimmer erfuhr z. B. eine dreimalige Vergrößerung, wuchs sich dahin und dorthin aus, und vereinte sich erst nach allerlei Vermitt= lungen zu einem einzigen Ganzen.

Lindenhof, Eingang.

Consoltisch. Unterhos. Östl. Gobelin-Zimmer.

Das Gebäude hat zwei Geschoße, sein Stil deutet auf Schwung und Reichtum, die Ausstattung auf Zierlichkeit und Lebenslust, wie sie in Frankreich im 18. Jahrhundert vor der Revolution geherrscht. In schöner Steinarbeit weist die Front des Schlosses Säulen, Karyatiden, Allegorien und Pflanzenornamente auf.

Oberhalb des von vier Atlanten getragenen Balkons im Mittelbau verkörpern sinnbildliche Figuren die Musik, Dichtkunst, Sculptur und Architektur, zwischen den Säulen gewahrt man eine Siegesgöttin, in seitlichen Nischen sind Wissenschaft, Handel, Nähr- und Wehrstand symbolisiert. Der Giebel zeigt das bayerische Wappen und ist überragt von dem wohlbekannten Atlas, der die Weltkugel trägt. Sämtliche Figuren am Schlosse nebst zwei Wappen sind von Franz Walker, ausgenommen die Statuen in den Nischen, welche Perron und Bechler geschaffen.*) Drei Portale, deren vergoldete Gitter kunstvoll geschmiedet (Kölbel), führen in eine Vorhalle mit Marmorsäulen; hier erhebt sich die Bronzestatue Ludwigs XIV. als römischer Imperator, denn

*) Um den Text nicht schleppend zu machen, wurden die Titel der erwähnten Künstler weggelassen und nur im Register aufgenommen.

Frankreich holte damals seine Huldigungsausdrücke aus dem Altertum, und im Linderhof blüht die Nachahmung. Vom Plafond strahlt eine künstliche Sonne und mahnt durch die Aufschrift „nec pluribus impar", an Frankreichs einstigen Sonnenkönig. — Über ein paar Stufen gelangt man in die Treppenhalle, wo auf einer von Napoleon III. geschenkten Sèvres-Vase Esther vor Ahasverus darge-

Vorhalle mit Statue Ludwig XIV. Linderhof.

stellt ist. Dies jüdische Glückskind gehörte zu den historischen Lieblingen Ludwigs II., ist es doch die Titelheldin der Dichtung, welche Madame de Maintenon für die von ihr gegründete weibliche Erziehungsanstalt Saint Cyr eigens von Racine verfassen ließ. Alljährlich erlebte diese religiöse Tragödie dort mehrere Aufführungen, jedes Fräulein von Saint Cyr wußte sie auswendig, und der ganze Hof bewunderte sie.

Stuhl und Taberets aus Linderhof.

Ludwig II. begeisterte sich für Grillparzers: „Esther". „Das
Fragment Esther ist wundervoll, bieten Sie alles, alles auf, damit
Grillparzer es vollende", schärfte er einmal seinem Kabinetschef
Eisenhart ein.

Die aus Stuckmarmor mit vergoldetem Zierat hergestellte Stiege
wird durch Oberlicht erhellt, abends durch die zahlreichen Wachslichter
eines vielarmigen Lüsters. Im ersten Stocke dehnt sich eine Reihe
Prunkgemächer aus; hieher citierte der bayerische Monarch Ludwig XV.
und dessen flatterhaften Hof, hier räumte er einer Pompadour und
einer Du Barry Ehrenplätze ein. Wenn man sich entsinnt, daß er
einmal eine Schauspielerin, die ihm hinreichend vordeklamierte und
dann sein „hochpoetisches Schlafzimmer" zu sehen wünschte, kalt ver-
abschiedete und alsbald dem Kammerdiener befahl, die Luft mit einer
großen Räucherpfanne zu reinigen, so frägt man sich unwillkürlich,

König Ludwig II.

und die Kunst.

Von

Louise von Kobell.

Mit zahlreichen, zum Teil bisher noch unveröffentlichten
Illustrationen und Kunstbeilagen.

Verlag von Jos. Albert, München.

1898.

Fortsetzung siehe Umschlagseite 5.

Wandfüllung in Malerei und Stuckarbeit, Louis XIV.
Treppenhaus, Herrenchiemsee.

Schrank aus Schildpatt und Bronze, Louis XV.
Vorzimmer, Herrenchiemsee

Marmorbrunnen im Kiosk bei Linderhof.

Hellblau eines Vergißmeinnichts. Den Hintergrund der Grotte bildete ein Gemälde von Heckel: Tannhäuser im Venusberg. — —

Der königliche Grotten-Besuch, der meist nachts stattfand, hatte etwas programmäßiges; zuerst fütterte der Monarch zwei aus ihrem gewöhnlichen Domizil, dem Schloßbassin, herbeigeschaffte Schwäne.

9

hernach bestieg er mit einem Lakai einen vergoldeten und versilberten Kahn in Form einer Muschel, und ließ sich auf dem durch einen unterseeischen Apparat bewegten Wasser herum rudern.

Unterdessen hatten sich der Reihe nach die fünf farbigen Beleuchtungen abzulösen, jeder waren zehn Minuten zugemessen, damit der König den Anblick genügend genießen könne. Phantastisch schimmerten Wellen, Felsenrisse, Schwäne, Rosen, das Muschelfahrzeug und der dahingleitende Märchenkönig. — Wer aber hinter die Coulissen blickte,

Delpall. Schlafzimmer, Linderhof.

fand eine melancholische Prosa, einen abgehetzten Elektrotechniker, sieben von Arbeitern ständig geheizte Öfen, welche die Temperatur von 16 Grad Réaumur hervorbringen und unterhalten mußten, und dazu die riesigen, von der blauen Grotte allmählich verschlungenen Summen.

Aber der König wünschte keinen Geschäftsbericht, indem er sagte: „Ich will nicht wissen, wie es gemacht wird, ich will nur die Wirkung sehen." Diese steigerte sich noch regelmäßig am Schlusse der Programmabwicklung, dann glühte der Wasserfall in rot oder gelb, und ein Regenbogen wölbte sich über das Tannhäuserbild. Dies war die schwierigste Aufgabe für den Illuminator, der unter Beihilfe von biederen Gebirgsbewohnern das Feuer und die Maschinen zu unterhalten hatte.

„Wo ist Stöger?" fragte an einem Montag der König einen Wegmacher.

„Der macht blau, Majestät."

Die Hundingshütte bei Schloß Linderhof

„Ah, das ist recht, er soll nur so fortfahren," erwiderte der ihn mißverstehende Monarch, der die volkstümliche Redensart nicht kannte und nur an das Blau seiner Grotte dachte.

Bisweilen speiste der König in der blauen Grotte und lud sich einen Gast dazu. Kabinettschef von Müller zählte zu den Ausgezeichneten. Auch dem Lieblingsreitpferd des Königs wurde die Ehre zu teil, die blaue Grotte sehen zu dürfen. —

Nur wenige Schritte von derselben erhebt sich der Kiosk, bei dessen Eintritt ein neues Funkeln und Flammen beginnt. Die äußere Pracht dieses mit kleinen goldenen Kuppeln gekrönten Pavillons wird von der der Einrichtung noch übertroffen. Es knüpft sich eine trübe Erinnerung an dieses Prunkstück. Es stand ursprünglich im Parke eines böhmischen Rittergutes und gehörte dem Journalisten Hüttenbesitzer und Eisenbahnunternehmer Stronsberg. Als dieser durch zu gewagte Spekulationen und eine Verkettung der widrigsten Zufällig- keiten ins Unglück geraten war, schickten die Gläubiger den Kiosk zur Pariser Weltausstellung, wo ihn der König erwarb. Später ließ er ihn am erwähnten Platze aufstellen und verschönern. Die buntfarbigen Fenster, Vasen, Stoffe, der Divan, die mit Perlmutter eingelegten runden Stühlchen, der Kühlung spendende Springbrunnen, drei künstliche Pfauen versetzen den Beschauer in den Orient. Zwei dieser emaillierten Prachtvögel sind Pariser Handarbeit, der dritte ist von Franz Setz genau nach einem altindischen Muster gefertigt worden. Im Kiosk denkt man an Nabobs, Elefanten, Bajaderen, und wenn man heraustritt, ist man angenehm überrascht von der einfachen, groß- artigen Bergwelt mit dem Brunnenkopf, Pürschling, der Klammspitze. Traulich stimmt zu jener die alte Kapelle, die der König in Stand setzen, mit Wandgemälden und einem kunstvollen Weihbrunnkessel (Walker) schmücken ließ.

Die 4 von Franz Zettler gelieferten Glasfenster, jedes ca. 2 m hoch und 70 cm breit, zeigen eine große Vollendung in Darstellung und Technik. Man erblickt Jesus als Welterlöser, Maria mit dem Kind, den hl. Ludwig und den hl. Richard, der Letztere ist der Namenspatron Wagners und des k. Stallmeisters Hornig. Es liegt ein Stück Eigenart Ludwigs II. darin, die beiden ihm sympathischen Menschen vermittelst ihres Schutzpatrons mit seinem religiösen Kultus zu verflechten. Die figürlichen Entwürfe stammen von Andreas Müller, die ornamentalen im Stile Ludwig XIV. von J. Hofmann.

So oft Ludwig II. im Linderhof weilte, wohnte er Sonntag vormittags 11 Uhr der Messe an, welche der aus Ettal beorderte Pfarrer las. Den Ortsbewohnern war währenddessen der Eintritt in die Kapelle gestattet, und man sah in derselben und außerhalb Gott und dem König ergebene Menschen.

Wagners Hundingshütte aus der „Walküre" hatte Ludwig II. unweit der blauen Grotte nachbilden lassen. Bisweilen saß er stunden-

Glasfenster mit dem hl. Richard. Von Zettler, München
Kapelle bei Schloß Linderhof.

lang einsam darin, in irgend eine Lektüre vertieft, deren Inhalt im schärfsten Gegensatze zu dem unwüchsigen Bärenhäutertum stand, das ihn umgab. Oder er ergötzte sich an den lebenden Bildern, die ein auf sein Geheiß inszeniertes Metgelage im altgermanischen Stile darbot.

In der Nähe der Hundingshütte ist ein kleiner, nur für optische Zwecke berechneter künstlicher See, auf dem sich ein unbenützbarer Einbaum schaukelt.

Die Klause, zu welcher ein Bergpfad unter Laub- und Nadelholz führt, poesievoll durch ihre Umgebung, höchst primitiv in Bau und Einrichtung, entstand aus Wolfram v. Eschenbachs Parzival und ist ein Nachklang von Trevrezents Einsiedelei.

Trieb im Winter der Hunger die Hirsche von den Bergen herunter, so fütterte sie hier der König, wenn er anwesend war, was bei dem scheuen Wild natürlich nicht heißen soll, daß es ihm aus der Hand fraß, sondern das ihm zugeworfene oder hinterlegte Brot wegschnappte. Im Sommer wollte der König im Waldterrain die Blumenau schauen, wie sie im dritten Aufzug des Bühnenweihfestspieles Parzival dargestellt wird. Der fleißige Hofgärtner setzte also mit Blumen reichlich versehene Rasenstücke in das Erdreich, und die Pseudowiese prangte im buntesten Farbenschmuck. Nachts kamen die Hirsche und äs\ten ihn weg. Des Hofgärtners Sisyphusarbeit erneuerte sich, so oft der König kam.

Eine wahre Sultanspracht herrscht in dem 1½ Stunden vom Schloße Linderhof entfernten marokkanischen Haus. Hier ließ der König dann und wann sein Personal sich in buntgestickten afrikanischen Gewändern auf Polster und Teppiche lagern, aus Tschibuk und Nargileh rauchen und Sorbett schlürfen, um sich den Anblick eines echt maurischen Bildes zu verschaffen. Denn Ludwig II. liebte es, seine Phantasien in die Wirklichkeit zu übersetzen. Seine Ausnahme\stellung als König ermöglichte ihm dies im Gegensatz zu den anderen

Das „Lever" Ludwig XIV. Schlafzimmer, Fontainebel.

Sterblichen, die sich damit begnügen müssen, ihre Einbildungskraft nur in der Theorie herumspringen zu lassen. Verlor sich dann bei diesen Costümbildern auch das reinkünstlerische Element etwas in dem realistischen Treiben, so lächelte der König über die menschliche Posse

Aristoteles sagt: „Jeder große Geist hat eine Beimischung von Absonderlichkeit."

Rüstenstickerei.

Die Insel Herrenwörth mit dem alten Schloß.

Schloß Herrenchiemsee.

Schon wollte eine württembergische Aktiengesellschaft die Axt an den herrlichen Hochwald des im Chiemsee gelegenen Herrenwörth legen, da schützte 1873 König Ludwig II. durch Ankauf das Eiland vor Abholzung. Er ließ sich zu seinem Aufenthalte mehrere Gemächer in der einstigen Prälatur einrichten. In alter Zeit, 776, hatte hier der griechische Mönch Tobba, unter Herzog Tassilo, ein Benediktinerkloster gestiftet, das der Bischof von Salzburg 782 eingeweiht. Auf dem gegenüberliegenden Frauenwörth war ein Nonnenkloster desselben Ordens gegründet worden. Die Geistesbildung, zu welcher die Regel des hl. Benedikt verpflichtet, ward bald durch Karls des Großen Verordnungen gefördert. — Krieg und Feuer zerstörten des öfteren die beiden Klöster; in Friedenszeiten erstanden diese wieder. Im Jahre 1803 erfolgte durch Kurfürst Max Joseph die Säkularisation: König Ludwig I. bevölkerte Frauenwörth aufs Neue mit Benediktinerinnen und übergab diesen die Ortsschule mit Pensionat. Herrenwörth ging in den Besitz des Grafen Hunoltstein über, von da in den Ludwigs II.

10

Die Insel Frauenwörth.

Anfangs beabsichtigte der König nur den Schutz des Waldes, aber es währte nicht lange, so gesellte sich zu seinem Vorhaben die Lust, hier ein Schloß zu erbauen, und zwar im großartigsten Stil. Da wurde denn doch im Jahre 1878 manch stolzer Baum aus dem Hochwald gefällt, manch Edel- und Damhirsch verscheucht. Es wimmelte von Bayern, Tirolern und Italienern, die in ihren verschiedenen Dialekten sprachen und welschten, bei Tag einrissen und ausbauten, nachts bei Fackelschein gruben und schaufelten unter dem Machtworte des Oberbaudirektors von Dollmann, den später Oberbaurat Hofmann ablöste.

Ludwigs XIV. Einfluß hat einmal ganz Deutschland durchdrungen, kleine Versailles wurden allenthalben erbaut, und der neue Stil zog nicht allein in Paläste, sondern auch in Kirchen und Klöster ein, wie deutliche Spuren im Chiemgau beweisen: selbst die damalige Tracht ist noch bisweilen, wenn auch in schlechtem Abklatsch, auf Votivbildern zu finden. Trotzdem ist kein Atom von dem Sonnenkönig in der Volkserinnerung mehr übrig geblieben. Hingegen huldigte ihm Ludwig II. über alle Maßen, er beflügelte durch Wunsch und Befehl die Arbeiten

Gesamt-Frontansicht des Schlosses Herrenchiemsee mit dem Latonabrunnen.

und ließ alsbald die Kunst des „siècle de Louis XIV." in Herren chiemsee aufleben. Die Pflanzenanlagen zeigen die charakteristische Physionomie, die einst Lenôtre den Gärten gegeben; die pyramidale Fichte ist der Buchspyramide gewichen. Unter Eßners, später Gehs' trefflicher Leitung wurden die verschiedenartigsten Blumen zierlich geordnet zwischen Rasenteppichen und Baumgruppen, ohne der Zuschneidemanie einer ceremoniellen Gartenscheere unterworfen zu sein. In zwei mit carrarischem Marmor belegten Bassins lagern wilde Steinblöcke, von goldschimmernden Statuen umringt. Auf der Spitze eines Felsen conglomerates setzt ein sich aufbäumendes Pferd mit einer geflügelten weiblichen Figur über menschliche Gestalten hinweg, die vergebens das selbe sowie die Vielumworbene zu erreichen suchen. Aus unvorher gesehenen Gründen konnten dem Pferde, das den Pegasus bedeutet, die bezeichnenden Flügel nicht mehr angesetzt werden.

Unterhalb kämpfen Männer, Klio schreibt die Namen der Sieger auf. Die ganze Gruppe ist voll lebendiger Energie, das Individuelle scharf und geistvoll gekennzeichnet. (Rudolf Maison.)

Südseite des Schlosses Herrenchiemsee mit dem Fortunabrunnen.

Im anderen Bassin erhebt sich über dem steinigen Chaos eine bekränzte, von nachstrebenden Menschenkindern umringte Fortuna. Ein wegen seiner Kraft und Schönheit bedeutsames Werk. (Rüman.) Auch den aus Marmor geschaffenen Göttinnen Venus, Diana und Flora, sowie einer Nymphe sind Fontänen gewidmet. Rings um sie finden Thierkämpfe in vergoldeter Bronze statt. (Hautmann.)

Zwischen blumendurchwirktem Grün und offenen Alleen, an Lauben und Hecken, an Muschelschalen und Wassersäulen vorüberschreitend, gelangt man seewärts zu der mächtigen Granittreppe, die zum Latonabrunnen führt.

Der Sage nach hat die dunkelgewandige Latona (Leto im griechischen Mythus) einst sie verspottende lykische Bauern in Frösche verwandelt. Diese spritzen im Bassin der Latona zu Versailles voll Wut ihre Wasserstrahlen nach der sich mit ihren Zwillingen Apollo und Diana vor ihnen schützenden Göttin. In Herrenchiemsee wird ihnen nun eine verdoppelte Strafe zu teil, da sie im Trocknen sitzen müssen, und umsonst ihre vergoldeten Mäuler nach einem Schluck Wasser aufreißen, um die verhaßte Latona zu treffen.

Durch all' diese Skulpturen schon ganz mythologisch gesinnt, gelangt man an das Schloß. Die lang hingelagerte Façade ist eine Kopie des von Manjard aufgeführten Baues in Versailles mit Figuren auf der Attikabrüstung, mit Säulen und Pilastern.

Einen überraschenden Erfolg und eine Steigerung der allerhöchsten Gunst versprach sich einst ein Hofsekretär von der taghellen Beleuchtung

Pešthäle mit Plastenaße, Herrenchiemſee

dieser Riesenfaçade, die er bei der nächtlichen Ankunft des Königs mittelst dreier elektrischer Sonnen ohne Vorwissen des Monarchen inszenierte. Kaum wogten die Linden, Hyacinthen, Malven, Violen,

Hecken, Springbrunnen, Schwäne, Statuen und Nischen in diesem blendenden Feuerschein, als der König verdutzt ausrief: „Was ist das!“, und nach erlangter Aufklärung das sofortige Auslöschen sämtlicher

Gesamtansicht des Treppenhauses, Herrenchiemsee.

Lichtquellen befahl, was auch geschah. Lautlos, wie Gespenster schlichen die hinter Bäumen und Gesträuchen postierten zahlreichen Sänger von dannen, welche den optischen Glanz der Empfangsfeier noch durch akustische Genüsse aus ihren Kehlen vermehren sollten.

Weisheit und Gerechtigkeit. Treppenhaus, Herrenchiemsee.

Vanitas vanitatum, mag wohl der Organisator nach seinem miß-
glückten Versuch gedacht haben.

Wie in Versailles zeichnet sich die Façade durch die Mannig-
faltigkeit der Fenster aus, vierseitig, kreisrund, eiförmig. Wegen
eines ovalen, hoch oben angebrachten Fensters (Ochsenauge) wurde
ein Pavillon zu Versailles „Oeil de Boeuf" genannt. Auch
Herrenchiemsee hat einen so bezeichneten Saal. In dem Vestibüle

Füllungen in Holz geschnitzt, Louis XIV. Salle des Oeuil de Boeuf, Herrenchiemsee.

Thürfüllungen in Holz geschnitzt, Louis XV. Herrenchiemsee

Europa. Treppenhaus, Herrenchiemsee.

prangt zwischen weißen Marmorsäulen ein künstliches Pfauenpaar.
(Pariser Arbeit.) Sowohl der sich anschließende schachbrettartige, weiß
und schwarz gepflasterte Marmorhof, wie das mit Scagliola bekleidete
35 Meter lange, 13 Meter breite Treppenhaus ist imposant. An
der sich in zwei Teile scheidenden Ehrentreppe stehen in Nischen
Apollo, Flora, Minerva und Ceres, welche gleich der Brunnen-
gruppe „Diana mit Nymphen" Gypsmodelle sind, die nicht zur ge-
planten Ausführung in Marmor gelangten. Die hübschen Wand-
malereien beziehen sich auf Land- und Städteleben, auf Kunst und

Bank mit goldgesticktem lila Damast. Vorzimmer, Herrenchiemsee.

Die Luft. Treppenhaus, Herrenchiemsee.

Wissenschaft. (Les-
ter.) Unter dem
Glasdach, von
welchem zwei reiche
Krystallüster herab-
hängen, stellt ein
mit vielen Skulp-
turen ausgestatteter
Fries die personi-
fizierten Weltteile
und Jahreszeiten
dar. In den Ecken
sieht man die vier
Elemente, mit my-
thologischen Göt-

tern, typischen Tiersymbolen und mit den zu geistigen Vorstellungen stets
einladenden Genien. Sämtliche Bildhauerarbeiten von Perron.) Franz
Widnmann alle-
gorisierte die
Musik durch reiz-
volle Frauenge-
stalten mit
Blumen werfen-
den Amoretten.

Während der
neun Tage, die
der König alljähr-
lich in Herren-
chiemsee zubrachte,
meist vom 7. bis
16. September,
glich dieses Trep-

Das Feuer. Treppenhaus, Herrenchiemsee.

Afrika. Treppenhaus. Herrenchiemsee.

penhaus einem Lilien- und Rosenhag, da Tausende dieser Blumen, aus Holland herbeigeschafft, Stufen, Nischen, Säulen und Geländer mit ihrem Farbenschimmer belebten. Bei dem Anblick geriet selbst der verwöhnte König in Staunen und sog den Duft mit epikuräischem Wohlbehagen ein. Nur der Hofsekretär, der das Konto für diese Riesensammlung holländischer Unschuldsblumen zu begleichen hatte, runzelte stark die Stirne, als er die Poesie der Augenweide gegen die Prosa der Zahlen abwog.

Das ganze Treppenhaus ist eine plastische und farbentönige Ouverture zu dem Prunke, der sich in den nun zu durchschreitenden Gemächern abspielt. Man muß dabei von deutschem Patriotismus völlig abstrahieren und rein vom ästhetischen Standpunkte aus betrachten und bewundern. In der mit Hellebarden und Kriegstrophäen gezierten „Salle des gardes du roi" (Hartschiersaal) bilden drei Bänke mit vergoldetem Leder das Ameublement. Die Wandmalereien stellen den Einzug Ludwigs XIV. in Douai dar, die Schlacht bei Neerwinden (Langenmantel), und den Einzug in Arras (W. Rögge).

F. Widnmann läßt durch seine Suprortebilder die Einnahme von Orson, die von Limburg und von Salins mit erleben, man sieht die Be-

schießung von Oudenarde und von Lens — und da ziehen die Franzosen siegreich in Tünkirchen ein. — Ludwigs XIV. Marschälle Turenne, Condé, Vauban, Villars sind in Büsten aus carrarischem Marmor

Allein. Treppenhaus. Herrenchiemsee.

verherrlicht, kriegerische Gruppen im Fries und der „Triumph des Mars" im Plafond. (F. Widmann.) Alles bezieht sich auf Frankreichs Ruhm.

Im ersten Vorzimmer hat Hauschild in Plafond den Triumph des Bacchus und der Ceres dargestellt, Jules Jury in Wandbildern die Einnahme der Stadt Lille und den Empfang des großen Condé. Karl Schultheiß in den Surportebildern die Einnahme von Valenciennes und das durch Ludwig XIV. erneuerte Bündnis mit den Schweizern, das seit Mazarins Tod erloschen war. J. Munsch stellte ein unter Ludwig XIV. abgehaltenes Festtournier dar und des Königs Besuch der berühmten Arraser Gobelinmanufaktur; von Watter stammen die hübschen Gemälde Marly und Versailles. Auch die in Lila und Gold gehaltenen Stickereien, die Girandoles, Spiegel, Uhren, der aus echtem Schildkrot mit vergoldeten Bronzeeinlagen gefertigte Schrank (Grüning) fesseln das Auge des Besuchers.

In der Salle de l'oeil de boeuf fällt vor allem die von
Perron modellierte, von Harrach in Bronze ausgeführte Reiterstatue
Ludwigs XIV. auf. Roß und Reiter leben — und Ludwig XIV.

hat wohl nirgends den Heißsporn mehr herausgekehrt als in diesem
Kunstwerk. Das Pferd, welches Perron hier abgebildet, hat seine
Geschichte. Erst jetzte es lustig über Stock und Stein mit dem jugend-

Amerika. Treppenhaus, Herrenchiemsee.

lichen König Ludwig dem Zweiten, an Bergen, Seen, Wäldern und
Wiesen vorüber, ob es grünte oder schneite, im Tannenduft oder
Wintereis. Dann schenkte der König der berühmten Opernsängerin
Frau Vogel dieses sein Lieblingsreitpferd, und so oft es nun als
Grane mit Brunhild den verwegenen Feuersprung in Wagners Götter-
dämmerung machte, brach das Publikum in einen brausenden, nicht
enden wollenden Beifall aus.

„Dies Pferd war ein gelehriges Modell", sagte Perron, „denn
es wußte alsbald, um was es sich handelte. Schon während es zur
zweiten Sitzung herbeigeführt wurde, wieherte es freudig auf dem
Wege. Im Atelier setzte es von selbst die Vorderhufe auf den her-
gerichteten Steinblock, um die Springbewegung und das Aufbäumen
des Schlachtenrosses recht drastisch zu markieren, und harrte geduldig
in dieser Stellung aus, bis ich es entließ." — — —

Mit der ihm eigenen warmen Kunstfreude nahm Ludwig II. dies
Werk auf. Im Oktober 1882 schrieb Hofsekretär von Bürkel an Perron:

Profeſſor Philipp Perron.

„Seine Majeſtät haben mich be-
auftragt, Euer Hochwohlgeboren
mitzuteilen, wie ſehr Allerhöchſt-
dieſelbe von Ihrer aufopfernden
und erfolgreichen Thätigkeit bei
der Ausſchmückung des Schloſſes
Herrenchiemſee befriedigt ſind.
Insbeſondere hat das form-
vollendete Modell der Reiter-
ſtatue Ludwigs XIV. den Aller-
höchſten Beifall und die Aller-
huldvollſte Anerkennung gefunden." — —

Der Bildhauer Philipp Perron,
geb. 1840 zu Frankenthal in
der Rheinpfalz, begann ſeine Studien in München, ſetzte ſie in Paris
fort, wo er zwei Jahre eine Kunſtſchule beſuchte, und vollendete ſeine
Ausbildung in München. Hierauf unternahm er mehrere Studien-
reiſen nach Frankreich und Italien und lernte ſowohl den klaſſiſchen
wie den modernen Stil beherrſchen. Er arbeitete von 1871 bis 1886

Geſtickter Vorhanghalter, Herrenchiemſee.

König Ludwig II.

und die Kunst.

Von

Louise von Kobell.

Mit zahlreichen, zum Teil bisher noch unveröffentlichten
Illustrationen und Kunstbeilagen.

Verlag von Jos. Albert, München.

1898.

Fortsetzung siehe Umschlagseite 3.

Bilderrahmen und Wandfüllungen in Holzschnitzerei, Louis XV.
Arbeitszimmer, Herrenchiemsee.

Dietrich von Bern zieht mit Hildbrand auf Abenteuer aus.
(Wilcina Sage.) Nach dem Originalaquarell von Schwind.
Helden- oder Audienzsaal, Hohenschwangau.

Zweisitziger Galawagen, Rückansicht, auf dem Rädergestell.
Ausgeführt von J. N. Mayer.

23

Dekorative Malerei für das Badezimmer, Hohenschwangau.
Nach dem Originalaquarell von Schwind.

Schellkränze, Steigbügel, Beschläge, Peitschen, Sporen, Stangen, die sonnenköpfigen Radnaben, sie alle tragen den Stempel der Kunst

So oft Mayer nach Hohenschwangau oder nach dem Linderhof kam, wurden ihm huldvolle Grüße des Monarchen zu teil, wohl auch

Eine Revue unter Ludwig XV.
Für den großen goldenen Prachtwagen gemalt von Schweiser.

einige Flaschen Champagner. Zu Hause angelangt, trank er fröhlich mit den Seinigen den perlenden Wein auf des Königs Wohl. —

Breling hat manch' königliche Ausflüge in Bildern festgehalten, und zwar so anschaulich, daß sie den Eindruck der Wirklichkeit auf den Beschauer hervorbringen.

Ob der Monarch im grünen Tannendickicht dahin fuhr, oder unter dem winterlich kristallisierten Reif der Äste, ob die Felsen sich über ihm aufstürmten, oder

Zweisitziger Galawagen, linke Seitenansicht, auf dem Schlittengestell.
Ausgeführt von J. R. Mayer.

Farrenkräuter und Huflattich sich unter ihm ausbreiteten, die Gedanken des Königs drehten sich stets um dieselbe Achse, um das unumschränkte Königtum.

Eine verklungene Zeitperiode mit ihrem mächtigen französischen Herrscher, mit der unterwürfigen und doch hochbegabten Hofgesellschaft, beschäftigte stets Ludwig II. Immer regte sich aufs neue der Wunsch in ihm, einen Staat nach seinem Ideal zu regieren, aber eine weitere Betrachtung zeigte ihm den Wechsel, der mit den Menschen und Dingen vorgegangen, zeigte ihm die jetzige Welt; dabei

23*

276

bemächtigte sich seiner bald Unmut, bald elegische Trauer. Es dünkte
dem König ein tragisches Schicksal, die seiner Persönlichkeit notwendige

schrankenlose Macht, um Großes leisten zu können, durch einen lästigen
Zwang ersetzen zu müssen. —

Da kam ihm die Kunst zu Hilfe, was die Politik versagte, gewährte sie reichlich. Wohin sich des Königs Enthusiasmus wandte,

willfuhr sie seinem Verlangen, ermüdete nicht, ihm seine Lieblingsgestalten hier und dort vorzuführen.

Schloß und Wirtshaus Fernstein mit der Poststraße, den Seen und der Ruine Sigmundsburg.
Von Süden gesehen.

So schmückten auch das Absteigquartier am Fernpaß bei Lermoos in Tirol die Bildnisse der französischen Ludwige und der Marie Antoinette. Der König hatte im Wirtshause dortselbst einige

Räume gemietet, welche das Endziel seiner bisweilen von Hohenschwangau aus unternommenen Schlittenpartien bildeten. Zwei Zimmer,

Sigmaringen und Frauhäusern von Norden aus.
Nach dem Aquarell von W. Kuhn.

das eine mit rotem, das andere mit blauem Damast im Rokokostil
ausgestattet, enthielten allerlei Kunstgegenstände, die der Geschmacks-

Schloß und Wirtshaus Fernstein zur Zeit König Ludwigs, von Süden aus.
Nach einem Aquarell.

Vaſe in verſilbertem Zinkguß, Louis XIV.
Große Spiegelgalerie, Herrenchiemſee.

richtung Ludwigs 11.
entſprachen. Ein an
der Wand hängendes
Stilleben ſchrieb das
Menu der Speiſen
vor, welche der Kü-
chenmeiſter zu bereiten
hatte, denn bei ſeiner
mehrſtündigen Raſt
erquidte ſich hier der
König an gaſtronomi-
ſchen Genüſſen, und
das Geflügel, das
Wild, die Fiſche und
Früchte, die der
Maler auf ſeiner
Leinwand aufge-
tragen, mußte der
Lakai gleichfalls bei
der Tafel auftragen.
Vortrefflich mundete
das Mahl dem Mo-
narchen nach der Herz
und Geiſt ſtärkenden
Fahrt in friſcher
Bergluft, an dem
idylliſchen Blindſee,
Mitterſee, Weiſſenſee
vorüber, aus deſſen
wie Opal und Onix
ſchillernder Waſſer-
fläche ſich auf einer
Halbinſel die Ruine

Sigmundsburg erhebt. Tiefes Schweigen wurde auch über dieses Buen Retiro beobachtet, und die Strafe der Entlassung bedrohte gleich einem Damoklesschwert jeden ausplaudernden Bedinsteten.

Ruine Falkenstein. Nach einem Aquarell von Chr. Steiniken.

Bei der nächtlichen Rückfahrt nach Hohenschwangau fühlte der König seltsamer Weise nichts von der herrschenden Kälte ringsum,

Raucherständer in vergoldeter Holzschnitzerei,
Louis XIV.
Chambre de Parade, Herrenchiemsee.

er wähnte sich oft in einer heißen
Atmosphäre, während Kutscher,
Vorreiter und Lakaien vor Frost
mit den Zähnen klapperten.

Indes der König im Schlitten
oder im Wagen zur Sommers-
zeit über Serpentinen und gerade
Straßen dahinflog, entstiegen
seinem Gehirne unzählige Ideen
und Projekte — da gedachte er,
angeregt durch seine Lektüre,
einer Reise nach Kaschmir, und
wohl hat sich selten ein Leser
mehr in die Beschreibungen dieses
wunderbaren Landes vertieft, als
der König. Aufmerksam las er
auf seinen Ausflügen das Werk
Wilsons und das Frederick Drews,
sprach er davon, so wußte er so
genau Bescheid, als habe er selbst
in Kaschmir gelebt und alle
dortigen Wunderwerke erschaut.
Dann rekapitulierte er beim Da-
hineilen durch heimische Gegenden
die indischen Dichtungen — ein
blumiger Bergabhang, oder der
abenteuerliche Vorsprung an einem
Hause, auf dem Kräuter und
Blüten kunterbunt wuchsen, brachte
ihm die hängenden Gärten der
Semiramis ins Gedächtnis, und
alsbald stand der Beschluß fest,
seine Phantasiegebilde zu ver-

wirklichen, denn seine Kunstliebe verstieg sich zu den riesigsten Entwürfen.

Nach seinem Farbenprogramm gefielen dem König besonders die

Entwurf für den Wiederaufbau der Burg Falkenstein, Seitenansicht.
Gezeichnet von Max Schulze.

blauen Glocken des Enzians in den wildwachsenden Beeten der Alpenregion, sowie das leuchtende Blau der Ageraium in seinen Schloßgärten.

Und dann führte ihn plötzlich eine Ruine in das mittelalterliche Treiben ein, mit den Lehensträgern und Soldkriegern, mit dem Waid-

werk und Federspiel, mit dem Horngeschmetter und Harfenklang, mit
dem höfischen Kunstlied und der höfischen Sitte, mit den Recken, welche
die Sprache der Vögel verstanden, mit der Falknerei. — Das alte,
zerfallene Gemäuer der Burg Falkenstein tauchte vor ihm auf. Unweit
davon sollte sich eine neue Burg Falkenstein erheben. Christian
Steinicken entwarf im Auftrage des Königs das zukünftige Schloß in
einer trefflichen Aquarelle.

Oberbaurat Max Schultze führte das Projekt in herrlichen Tusch-
zeichnungen aus. Die kühn aufsteigenden Türme, die malerische Un-
gleichheit der Fenster und Erker kommen zu schöner Geltung. Ob
man die Burg von der Süd- oder Nordseite, von Westen oder Osten
betrachtet, überall erscheint der Bau den Felsen entwachsen. Der
einzige Auf- und Eingang ist gegen Osten gedacht. —

So hätte auch diese Burg das Gepräge der Weltabgeschiedenheit
getragen, gleich dem ehemaligen Falkenstein. Die Raubritter, die in
einem längst vergangenen Jahrhundert darin gehaust, stimmten gut zu den
Zinken, Zacken und Schießscharten, aber Ludwig II., der auch zu dieser
Felsenburg die Pracht als Folie benützen, dem Luxus den feinen
Schmelz seiner Geschmacksrichtung geben wollte, hätte bei der Ausführung doch manchen Stein des Ärgernisses gefunden.

Die Einteilung der Säle und Zimmer war weder für Audienzen
noch Gesellschaft berechnet, interessierte die letztere doch den König
immer weniger. Kaltblütig beurteilte er diesen Menschen, poetisch-
ideal jenen — aber so angeregt er bisweilen von den Geistesgaben,
Kenntnissen, Äußerungen und Behauptungen des mit ihm Sprechenden
sein konnte, so leicht war er verletzt, wenn dessen Umgangsformen ihm
mißfielen. Da geriet das königliche Wohlgefallen in's Schwanken,
es ward sogar jählings ausgelöscht. So sagte Ludwig II. z. B. von
einem höchst begabten Manne, dessen Rede der König scharfsinnig befunden hatte. „Dieser Mann ist interessant und aufgeweckt, hat aber
schlechte Manieren, die mir sehr mißfallen. Ich habe ihn horribile dictu
gefunden."

Ein anderes Mal war eine Entgegnung, so höflich sie auch vorgebracht wurde, der Grund zur Entfremdung und Ungunst. Eine Ausnahme machte der König abermals bei der Kunst, natürlich

Entwurf für den Wiederaufbau der Burg Falkenstein, Portal-Seite.
Gezeichnet von Max Schultze.

durfte der Künstler nicht wagen schulmeistern zu wollen, oder alltägliche Phrasen zu gebrauchen.

Gründe und Darstellungen mußten derart sein, daß sie überzeugend und angenehm auf den Monarchen wirkten, daß dessen Ideen zu' den Erfahrungen des Sachverständigen übergingen. „Hat der König gesehen, daß man gesattelt ist, so erfreute es ihn" äußerte Schweißer.

Am grünen, in herrlicher Einöde gelegenen Plansee sollte ein chinesisches Schloß erbaut werden.

Das chinesische Zeremonienbuch, das Ludwig II. eingehend studierte, erfüllte seine Dienerschaft mit Schrecken. Sie befürchtete eine allenfallsige Einführung der Ehrfurchtsbezeugungen im chinesischen Stile. — — —

Selbst die Konstruktion eines junonischen Wagens mit Pfauengespann schwebte Ludwig II. vor.

Amorettenschlitten mit Bespannung.

Neuschwanstein von der Marienbrücke aus.

Neuschwanstein.

Eines schönen Nachmittags in den sechziger Jahren besah im königlichen Auftrage Oberbergdirektor von Gümbel die alten Ruinen bei Hohenschwangau. Er prüfte Grund und Boden, versetzte dem Felsen forschende Hammerschläge, machte sich Notizen und klappte befriedigt sein Taschenbuch zu. Demnächst erfuhr Ludwig II., daß seinem Wunsche, ein Schloß unweit der Pöllatschlucht zu erbauen, kein elementares Hindernis entgegen stehe; jählings plante der König eine Burg, die sich gleich einem Adlerhorst in steiler Höhe erheben sollte. Er ließ seine Befehle zu Entwürfen ergehen. Wie Schwämme beim Regen, entstanden nun Skizzen und Bilder. Hoftheatermaler Jank fertigte ein Aquarell, welches an kühner Schönheit nichts zu wünschen übrig ließ, und so ward nach demselben der Bau beschlossen und Hofbaudirektor von Riedel damit betraut. Am 15. September 1869 fand die Grundsteinlegung statt. Im Jahre 1872 übernahm Ober-

Marienbrücke und Pöllatfall von Schloß Neuschwanstein aus.

Hofbaudirektor von Dollmann, 1884 Hofbaurat Hofmann die weitere Führung Der letztere war der leitende Geist, denn er löste außer der architektonischen Aufgabe noch die, Zeichnungen für Wand- und Deckenornamente, für Rahmen und Möbel zu liefern. Die Grundmotive suchte er aus alten Kirchen und Burgen aller Herren Länder zusammen, trefflich und originell machte er sie seinen Zwecken nutzbar.

Neuschwanstein und Marienbrücke von der Pöllatschlucht aus

hielt sich streng an den Stil und schuf doch Eigenartiges. Hofmanns Leben war bewegt wie seine Kunst. Schon frühzeitig durfte er seinem Vater helfen das Wunderschloß Miramar bei Triest mit Bildhauerei und Schnitzwerk auszustatten. Als junger Mann wurde er im Frühjahr 1864 zu dem Erzherzog Maximilian befohlen. Die Unterredung

Neuschwanstein mit Alp- und Schwansee, sowie den Lechthalbergen vom Neubeckstellen aus.

war lakonisch — es hieß nicht rechts und nicht links schauen und kurz die Frage beantworten: „Wollen Sie das Rathaus in Mexiko als Palais einrichten?" Hofmann bejahte ohne zu begreifen, denn die Ernennung Maximilians zum Kaiser war noch ein politisches Geheimnis, wovon außer den diplomatischen Größen niemand eine

Burghof Neuschwanstein mit östlicher Giebelfront des Palas.

Ahnung hatte. Fort ging's also über den atlantischen Ozean. Nebst
der Umwandlung des mexikanischen Rathauses in eine Residenz, voll-
führte Hofmann den Auftrag, das Kloster Cuernavacha wohnungs-
fähig zu gestalten. Hierauf wurde er nach Europa zurückgesandt und
zwar nach Dalmatien, um in dem Kloster Lacroma die nötigen Ein-
richtungen zu treffen. Diesmal handelte es sich um einen allenfallsigen

Ruhesitz für den inzwischen proklamierten, aber auf einem sehr un-
sicheren Throne herrschenden Kaiser Maximilian. Bekanntlich hat
der heldenmütige Habsburger diesen Ruhesitz nie bezogen, da die

juaristischen Kugeln seinem Kaisertum und seinem Leben ein jähes
Ende setzten.

Entwurf zur Burg Neuschwanstein. Außere Ansicht.
Von Chr. Jank.

Hofmann ward stellenlos. Er kam nach München, lernte dort Wladimir von Swertschkoff, ein russisches Original, kennen und zeichnete Kartons für dessen Glasmalereianstalt in Schleißheim.*) Hierauf arbeitete er zehn Jahre unter Zettlers Direktion, welcher ihn dem nach einem geschickten Zeichner fahndenden Oberhofbaudirektor v. Dollmann als hervorragend empfahl. Hofmanns Arbeiten erregten des Königs Wohlgefallen, und alsbald ward jener zum k. Oberhofbaurat ernannt. — —

Der Fachmann nennt den Stil Neuschwansteins romantisch-romanisch, und thatsächlich ist dies die treffendste Bezeichnung für ein Ideal-

---

* Wladimir von Swertschloff hat das große Glasgemälde im Bestibül des National-Museums zu München (Maximilianstraße nach einer Zeichnung von Franz Seitz ausgeführt und dem Museum zum Geschenk gemacht. Es stellt im Stile des 16. Jahrhunderts das bayerische Wappen dar mit zwei Landsknechten als Schildhalter.

Oberhofbaurat Hofmann.

schloß, in welches Ideen der Neuzeit in alte Schablonen so reizvoll eingezwängt sind, daß wohl kein anderes Kulturvolk eine derartige Schöpfung aufzuweisen hat. Die ursprüngliche, romanische Burg war eigentlich nur eine mit Wall und Graben umgebene Thurmwohnung (Donjon) oder Verteidigungsstätte eines Ritters; dann streckte sie ihre Fühlhörner zu Verschanzungen und Verteidigungswerken nach rechts und nach links aus, und schließlich verband der Viereckthurm den am Eingang befindlichen Thorbau mit dem Ritterhaus, welchem sich der Palas, das Herrenhaus, anschloß. Aber die Räume waren dumpf, denn die dicken Mauern ließen die Luft nicht durchstreichen, und die engen Fensteröffnungen, ob mit Holzläden oder Butzenscheiben versehen, sperrten das Licht ab. — Zumeist war also die romanische Burg ein wehrhafter Platz. Neuschwanstein hingegen ist den Sonnenstrahlen und der Bergluft zugänglich, ist ausschließlich zur Wohnung bestimmt, und zwar im ausgedehntesten und prächtigsten Sinn, und soll von außen und innen eine Augenlust sein. — Wie bei jeder Burg beherrscht auch hier der Wart- und Verteidigungsthurm alle Gebäude ringsum — aber der Gedanke, daß Ludwig II. den 65 m hohen Thurm errichten ließ, um sich davon herunter zu stürzen, tauchte doch nur in dem Gehirn eines Überweisen auf, sonst nirgends.

Lieferung 13.  Preis 50 Pfg.

König Ludwig II. 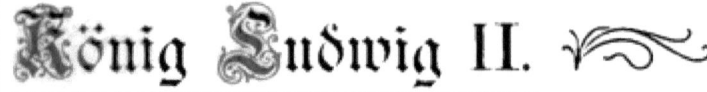 und die Kunst.

Von

Louise von Kobell.

Mit zahlreichen, zum Teil bisher noch unveröffentlichten
Illustrationen und Kunstbeilagen.

Verlag von Jos. Albert, München.
1898.

Vollständig in ca. 20 Lieferungen à 50 Pfg.

Pracht-Sammelwerke
nach den
Kunst- und kunstgewerblichen Schätzen der Schlösser König Ludwig II. von Bayern.

Details aus den bayerischen Königsschlössern, gesichtet von Professor L. Gmelin. 100 Blatt Lichtdrucke in Mappe . . . . ℳ 60.—
— — Lieferung 1—10 einzeln (je 10 Blätter). Spezielles Inhaltsverzeichnis auf Verlangen! . . . . à ℳ 8.—

In dem vorstehenden Werke hat Herr Professor Gmelin diejenigen Möbel, Geräte und Dekorationen zusammengestellt, die auch für die Praxis einen Wert haben und mit ihren reichen Motiven in den Details von hervorragender Bedeutung für das heutige Kunstgewerbe und somit für die deutsche Industrie sind. Die Möbel, Lüster, Laternen, Thürbeschläge ꝛc. des vorliegenden Heftes sind diesem Sammelwerke entnommen.

Romanische Wand-Malereien der Kgl. Bayer. Burg Neuschwanstein. Nach den Entwürfen von Julius Hofmann, Königl. Ober-Hofbaurath. 40 Tafeln Lichtdrucke in eleg. Mappe. Format 49 : 38 cm. . . . . ℳ 40.—

Das Werk enthält auf 40 großen Tafeln eine große Auswahl der besten Wandmalereien, Einfassungen, Fenster-, Thür- und Bogenöffnungen, Leibungen, Brüstungen, Gurtbögen ꝛc. in scharfer Lichtdruckwiedergabe direkt nach den für diesen Zweck an Ort und Stelle angefertigten Originalaufnahmen, von deren Klarheit und Deutlichkeit die in diesem Hefte abgedruckten verkleinerten Auswahlstücke nur einen unvollkommenen Begriff geben können.

Die dekorative Ornamentik des Königlichen Schlosses Herrenchiemsee. Von Professor Ph. Perron. 60 Tafeln in Großfolioformat (Papiergröße 44 : 33 cm). Photographie und Lichtdruck von Jos. Albert, München. In eleganter Mappe . . . . ℳ 40.—

Die figurale Plastik des Königlichen Schlosses Herrenchiemsee. Von Professor Ph. Perron. 20 Tafeln in Großfolio-Format (Papiergröße 44 : 33 cm). Lichtdruck auf feinstem Kunstdruck-Karton. In eleganter Mappe . ℳ 20.—

Illustriertes Verzeichnis auf Verlangen gratis und franco.

———

Vorstehende Sammelmappen
bilden vor allen einen Vorlagenschatz für das Kunstgewerbe aller Richtungen.

Es dürfte wenig ähnliche Unternehmen geben, die eine so reiche Auswahl von

vollkommen stilreinen

Vorbildern bieten.

Fortsetzung siehe Umschlagseite 5.

Baumgarten auf der Flucht . . . . . .
Nach . . . .

Zierbecher für ein Ollerei.
Peißer Arbeit.

Die Kille

Nach dem Aquarell von Fr.

Berlag von Jof. Albert, München.

nga-Saga.
n. E. Ille in Schloß Berg.

Die Lohe
Nach dem Aquarell von E.⋯

Verlag von Jos. Albert, München.

grin-Sage.

· E. Ille in Schloß Berg.

Den Aquarellen Illes reiht sich „Der fliegende Holländer" von H. und A. Spieß an. In fünf größeren Bildern sind die Hauptmomente dieser Schiffersage vorgeführt, eine Anzahl kleinerer Darstellungen erläutern die Nebenumstände. — — —

Wie Ahasverus für seine Frevel bis zum jüngsten Tag auf der Erde herumirren, und der wilde Jäger Nachts in den Lüften sausen muß, so ist der fliegende Holländer zur rastlosen Wanderschaft auf dem Meer verdammt.

Allein ihn kann nach Wagners Dichtung die treue Liebe eines Weibes retten; alle sieben Jahre darf er landen und sein Heil versuchen, bisher war es vergebens. Da verschlägt ihn Sturm und Wetter an einen norwegischen Felsenstrand, wo er den Seefahrer Daland antrifft. Diesem verspricht er Juwelen und Perlen, wenn er ihm seine Tochter Senta zur Frau gibt. Daland, der den unheimlichen Fremden nicht kennt, willigt mit Freuden ein und führt ihn in sein Haus. Senta hat durch das Bild des Holländers und durch die sich daran knüpfenden Erzählungen bereits begonnen ihn zu lieben, ehe sie ihn geschaut. Ihr freudiger Schreck, als sie den Geliebten in Fleisch und Blut vor sich erblickt, durchbebt ihre Gestalt, sie ist vom Spinnrad aufgesprungen und starrt ihn

wie festgebannt an: in dem Blick, der dem seinigen begegnet, scheint sich ihr ganzes Wesen aufzulösen.

Der Verlobung folgt das Liebesgeständnis Sentas und ihr Treugelöbnis in der trauten Stube. Trotz der Abmahnungen der Angehörigen, die mittlerweile den Holländer erkannt haben, will sie diesem aufs Meer folgen, um ihren Treueschwur zu halten. Und da er schon zur Abfahrt die Anker gelichtet, stürzt sie sich in die Wellen, das Schiff zu erreichen. Ihr Tod erlöst ihn von dem auf ihm lastenden Fluch. In Verklärung erheben sich beide Gestalten über das wildtosende Meer.

Ähnlich eingeteilt ist das Aquarell: Tristan und Isolde. Zwischen den die Sage belebenden Bildern, ragen die Gestalten Gottfrieds von Straßburg, Frau Aventiure, Heinrich von Freiberg hervor. Unterhalb liest man die das Liebesdrama Tristans und Isoldens erläuternden Verse:

„Wem nie von liebe leid geschah, dem geschah auch liebes von liebe nie, lieb und leid,

Seitenteil einer Polsterbank.
Sängersaal, Neuschwanstein.

wann liegen die
im minnen je sich
scheiden.

Uns ist noch heute
gern vernommen,
und immer süß
aufs neue
ihr innigliche treue
ihr lieb und leid
ihr wonn und noth."

Den im königlichen
Auftrage entstandenen
Bildern M. Echters
liegen R. Wagners
Texte zu Grunde.
Manches derselben
birgt eine tiefe Poesie.
Lohengrin legt Elsa
die schwierige Beding-
ung auf, sich nie nach
seiner Herkunft zu er-
kundigen „nie sollst
Du mich befragen."
(I. 3.) — —

Über dem weiten
Betthimmel in der
reicherbauten Halle
leuchtet eine Ampel,
auf dem Fußboden
liegen ausgestreute
Rosen, Wände und
Thüren sind durch
schönes Schnitzwerk ge-

Der fliegende Holländer.
3 Bilder nach Gemälden von A. u. K. Spieß

schmückt. Im trauten Erker stützt Elsa halb kniend, halb sitzend ihren Arm auf Lohengrin, eine vom Mond beschienene Landschaft ist durch das offenstehende Fenster sichtbar — diese Atmosphäre des Glücks verscheucht das unglückselige Weib durch ihre Frage: „Woher Du kamst, sag' ohne Reue." — —

Elisabeth schützt Tannhäuser vor der Wut der Sänger, die ihn wegen seines Hymnus auf die „Göttin der Liebe", auf Venus, mit dem Tode bedrohen. In hoheitsvoller Haltung weist sie die Anstürmenden mit dem Ausrufe in die Schranken: „Zurück von ihm! Nicht Ihr seid seine Richter!" (II. 3.)

Trefflich ist der Vorgang mit den dahinziehenden Pilgern

und dem abseits stehenden finster darein schauenden Tannhäuser dargestellt. Das Hauptinteresse wendet sich der schmerzlich bewegten Elisabeth zu, die, nachdem sie vergeblich Tannhäuser unter den Pilgern gesucht, nun angsterfüllt zu einem Bildnisse der Mutter Gottes flüchtet, um deren Erbarmen für den schuldbeladenen Geliebten zu erflehen. (III. 2.)

Die in dem Cyklus enthaltenen Bilder aus den „Meistersingern" weisen manch schönen Zug auf, aber den richtigen Ton hat Echter hiebei nicht ganz getroffen. Die Gestalten sind zu süßlich, sein Hans Sachs ist nicht ächt, und dessen Sippe, Freunde und

Der fliegende Holländer,
1. Teil des Aquarells von A. u. H. Stich.

Feinde, sind nicht Menschen, wie sie in der Reformationszeit leibten und lebten.

Auch Schwind sollte Lohengrin, Tristan und wie die Sagenhelden alle heißen, in seiner Malerei verewigen. Als der dienstthuende Adjutant den königl. Auftrag dem Künstler in dessen Landhaus zu Niederpöcking am Starnbergersee ausgerichtet, erwiderte jener in der künstlerhaften Eigenmächtigkeit, die so stark bei ihm ausgeprägt war: „Ich bedaure, aber das freut mich nicht.“ Der hierüber aufs höchste verwunderte Adjutant brachte alle erdenklichen Argumente vor, um zu beweisen, daß die mittelalterliche Sage gerade Schwinds Fach sei. „Die mittelalterliche Sage wohl, aber nicht das theatralische Zeug, das darum und

daran hängen soll."
Schwind war mit
Franz Lachner be-
freundet und dessen
klassischer Richtung zu-
gethan, folglich ein ent-
schiedener Gegner
Richard Wagners.
Weil er nun fürchtete,
die betreffenden Ge-
stalten in Wagnerischer
Gewandung darstellen
zu müssen, lehnte er
ab, um nicht seinem
Gefühl zuwider zu
handeln. Es half kein
dafür oder dawider,
er ließ sich nicht um-
stimmen. Der immer
verlegener gewordene
Adjutant fragte end-
lich, was er denn Sr.
Majestät melden solle,
denn diesen Grund
könne er unmöglich
vorbringen."

„So sagen Sie,
ich kann es nicht."

Dabei blieb es. —
Indes gefielen dem
König Schwinds Bil-
der für das Opern-
haus zu Wien so sehr,
daß er mehrere der-

felben in verkleinertem Maßstabe für fein Album bei dem Künftler beftellte. Diefer malte fie nach des Monarchen Wunfch und nach

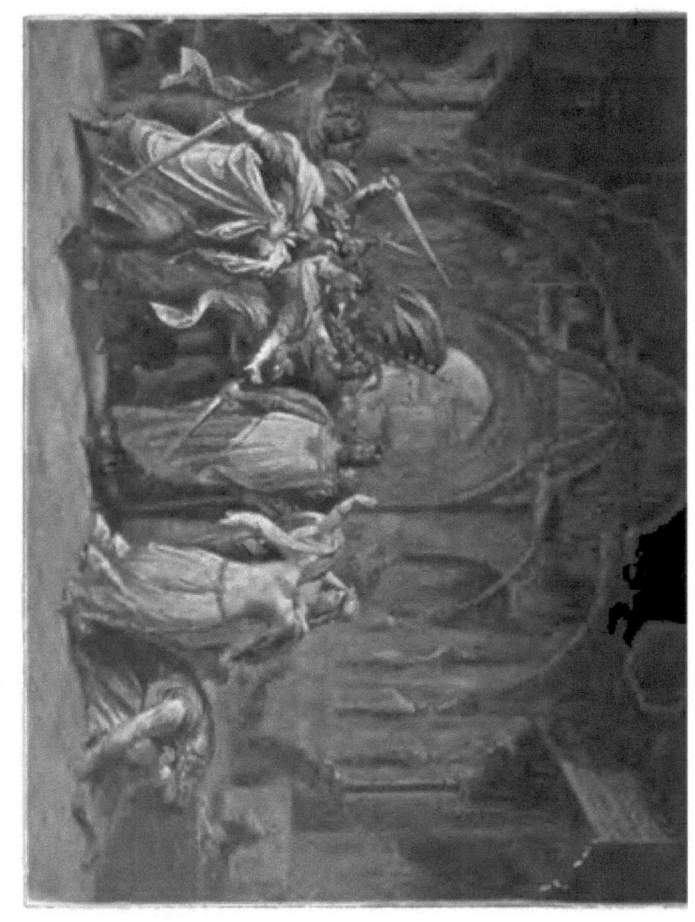

Elifabeth beichwört Tannhäufer. Tannhäufer. Schluß des II. Aufzugs. Nach dem Carton von W. Sohn.

feinem eigenen, feinen Genius darin offenbarend, denn wer feinen Stoff nach feinem Sinn frei wählt, dem gelingen meift Anordnung, Farbe und Form

Lohengrins Abschied. Nach dem Karton von W. von Kaulbach
Photographieverlag von Hanfstängl's Nachfolger. Berlin.

Wilhelm Kaulbach löste die ihm von dem Könige gestellte Auf=
gabe, Lohengrin mit dem Schwan zu zeichnen, meisterhaft. Trotzdem
gefiel der Schwan dem in Bezug auf Apollos Vogel sehr eigen=

denkenden Monarchen nicht, weshalb er einem anderen Künstler mit
der Darstellung des Schwanes betraute. Kaulbach erfuhr davon und

Walther und Eschen in der Werkstatt des Hans Sachs. Meisterfinger. Nach dem Karton von W. Schirr.

verzichtete von nun an darauf, Ludwig II. sein Können zur Verfügung
zu stellen. Der Karton ward nach einer vorzüglichen Lohengrinauf-

Lohengrin und Elſa im Brautgemach. Coloratur. III. Aufzug.
Nach dem Karton von W. Echter.

führung im k. Hof- und National-Theater der damaligen Elſa, Fräulein
Radecke, von dem Könige verehrt.

Eine myſteriöſe Zuſendung beſchäftigte eine Zeit lang lebhaft den
König. Sie beſtand aus einem Kiſtchen mit der Aufſchrift: „Eigenhändig zu öffnen." Der König übergab dasſelbe ſeinem Kammerdiener
und fragte bald darauf nach dem Inhalte.

„Ein Bild Majeſtät."

Als der König dieſes betrachtete, ſah er das Porträt eines vornehmen jungen Mannes in ſchwarzer Ordensrittertracht — die Toten-
bläſſe auf dem feingeſchnittenen Geſicht, und die geſchloſſenen Augen
verrieten, daß es die Züge eines Verſtorbenen waren. Von der goldenen Halskette ging ein breites Band ſchräg über die Bruſt, auf dem

ſich Vergißmeinnicht an Vergißmeinnicht drängte. Die gemalten Blumen
waren wie lebend, auch das Porträt zeigte, daß es von einer Meiſter-

Ehrung des Dichters Hans Sachs auf der Feſtwieſe. Nürnberger Ill. Aufzug
Nach dem Carton von W. Bölte.

hand herſtamme. Ein Bibelſpruch und ein undeutliches Monogramm
befanden ſich am unteren Rande des Bildes.

Elisabeth im Gebet. Tannhäuser. III Aufzug.
Nach dem Carton von M. Echter.

Der König fühlte sich von diesem anonymen Geschenke sehr unangenehm berührt und konnte sich den Zusammenhang zwischen demselben und seiner Persönlichkeit nicht erklären.

Der Aufgabepoststempel deutete auf Österreich. Der König ließ alle möglichen Nachforschungen dahin und dorthin ergehen, selbst ich wurde wegen einer allenfallsigen Entzifferung des Monogramms gefragt, konnte aber zu keiner Lösung gelangen. — Das Bild ward, wie alles, was dem König unerwünscht war, aus seinen Augen verbannt, aber oftmals grübelte er über das seltsame Geschenk nach, und über die demselben zu Grunde liegende Absicht. — — —

Die plastischen Kunstwerke des Schlosses Berg veranschaulichen in drei Dimensionen dieselben Gestalten, welche die Malerei in den Königsschlössern bisher mittelst zweier Dimensionen gezeigt

Wotan und Loge mit dem gefesselten Alberich. Rheingold. III. Aufzug.
F. Heigel nach Echter.

Lohengrins Ermahnung an Elsa. Lohengrin. I. Aufzug.
Nach dem Carton von R. Echter.

Hier begegnet man dem Namen Zumbuich's, des Schöpfers der schönen Alabasterstatuen: Parceival, Lohengrin, Tannhäuser, Siegfried, der fliegende Holländer. — Die kleinen Theaterfigürchen, die der König im östlichen Turmzimmer aufgestellt hatte, sind künstlerische Typen dieser Art, nicht Dinge, die einem unbedeutenden Kinderspielzeug gleichkommen, Jugendarbeiten von Seder, Quaglio, Spieß, Jank und F. Piloty. Die Genannten besuchten auf Einladung des Hofsekretärs die klassischen Dramen und Wagner-Opern, studierten dabei Dekorationen, Mimen, Sänger und Trachten, und reproduzierten sie dann auf Wunsch Ludwigs II. in Miniaturausgaben.

Nun sind diese Theaterfigürchen, wie Lampert in seinem an politischem und künstlerischem Material reichen Werke über König Ludwig II. erzählt, von dem Straßburger Museum erworben worden.

Eine von J. Heigel nach einem Porträte gemalte Miniatur, die den Schreibtisch des Königs zu Berg zierte, zeigt Marie Antoinette in dem vollen Liebesreiz, der ihr als Dauphine zu eigen war. Sie trägt ein lichtgelbes Seidenkleid, ohne jegliche Extravaganz, auch ihr Schmuck ist trotz seiner Kostbarkeit einfach. Erschaut man ihr unschuldiges, lächelndes Antlitz und erwägt bei historischer Betrachtung das Schicksal, das ihr bestimmt war, so kann man sich eines tiefen Interesses für sie nicht erwehren.

Das Schlafzimmer enthält ein kunstvolles Kruzifix, welches über dem Bette hängt, und die bereits erwähnten Alabasterstatuen, sonst ist nichts Wesentliches von dem Schmuck dieses Gemaches zu berichten.

Marie Antoinette.
Nach dem Miniaturgemälde von J. Heigel.

König Ludwig II. und die Kunst.

Von

Louise von Kobell.

Mit zahlreichen, zum Teil bisher noch unveröffentlichten
Illustrationen und Kunstbeilagen.

Verlag von Jos. Albert, München.

1898.

Aus dem vorliegenden Prachtwerke hat die Verlagshandlung Separat-Ausgaben der einzelnen Schlösser veranstaltet, die unter dem Kollektivtitel:

Monographien der Bayer. Königsschlösser

erschienen sind; es liegen vor:

Monographien der Bayer. Königsschlösser.

1. **Das Königlich Bayerische Schloß Linderhof.** Mit zahlreichen Abbildungen im Text und 2 Kunstbeilagen. 1898 . ℳ 1.50.

— „ — 2. **Das Königlich Bayer. Schloß Herrenchiemsee.** Mit zahlreichen Abbildungen im Text und 6 Kunstbeilagen. 1898 . ℳ 2.—.

— „ — 3. **Das Königlich Bayer. Schloß Hohenschwangau.** Mit zahlreichen Abbildungen im Text. 1898 . . . . ℳ 2.—.

— „ — 4. **Das Königlich Bayer. Schloß Neuschwanstein.** Mit zahlreichen Abbildungen im Text. 1898 . . . . ℳ 2.50.

— „ — 5. **Das Königlich Bayer. Schloß Berg.** Mit zahlreichen Abbildungen im Text und 6 doppelseitigen Vollbildern. 1898 ℳ 1.50.

In empfehlende Erinnerung bringe ich meine

Photographischen Original-Aufnahmen Richard Wagners.

Facsimile-Format: Kartongröße 100:74 cm, Bildgröße ca. 75:50 cm.

Preis à ℳ 36.—.

Nr. 88 Brustbild.

Royal-Format: Kartongröße 65:48 cm, Bildgröße ca. 42:30 cm.

Preis à ℳ 9.—.

Nr. 88 Brustbild.

Folio-Format: Kartongröße 48:32 cm, Bildgröße ca. 28:21 cm.

Preis à ℳ 4.50.

Als Panel (Boudoir Format) auf starkem, schwarzen Karton mit abgeschrägtem Goldrand. Preis à ℳ 5.50.

Nr. 1079a Brustbild.

Cabinet-Format: Kartongröße 17½:11½ cm, Bildgröße ca. 14:10 cm.

Preis à ℳ 1.50.

Nr. 1076a, 1076b, 1078a, 1079 Brustbilder.

Visit-Format: Kartongröße 10½:6½ cm, Bildgröße ca. 9:5½ cm.

Preis à ℳ —.85.

Nr. 613, 614, 615, 616, 618, 619 Brustbilder.
Nr. 618 Kniestück.

Fortsetzung siehe Umschlagseite 3.

MÜNCHEN, im Oktober 1898.

P. P.

Den geehrten Subscribenten des vorliegenden Werkes empfehle ich die bei der Dampfbuchbinderei von H. Sperling in Leipzig in Auftrag gegebene

Abbildung der Einbanddecke.
Natürl. Grosse 24 : 16 cm.

ORIGINAL-PRACHT-EINBAND-DECKE

nach eigens dazu angefertigtem hochkünstlerischen Entwurf in blauer Leinwand mit reichem Silber- und Farbendruck. Die prächtige Zeichnung des vorderen Deckels veranschaulicht nebenstehende Abbildung. ––

Die Decke dürfte noch Ende dieses Monats fertig gestellt werden und kostet nur M. 1.50. Die Buchhandlung, welche Ihnen das Werk geliefert hat, übernimmt auch zu obigem Preise die Besorgung der Einband-Decke und wollen Sie sich gefl. des anhängenden Bestellzettels bedienen.

MÜNCHEN,
Kaulbachstr. 51a.

Hochachtend

JOS. ALBERT,
Kunstverlag.

An die Buchhandlung von   in

Hiermit bestelle ich: 1 **Einbanddecke** zu: **L. von Kobell, König Ludwig II. u. die Kunst.** Preis M. 1.50.
(Verlag von **Jos**. Albert, München.)

Name: Ort und genaue Adresse:

Jugendbildnis König Ludwigs II in Uniform.
Aus dem Ende der Sechziger Jahre.

Verlag von Jof. Albert. München.

Der Wehrstand.
Wandfüllung in Malerei und Stuckarbeit, Louis XIV.
Treppenhaus, Herrenchiemsee.

Albums.

Initial „L".

udwigs II. Verdienſte um Kunſt und Kunſtgewerbe können erſt dann vollſtändig gewürdigt werden, wenn man auch einen Blick in die reichhaltigen Sammlungen von Holzſchnitten, Kupferſtichen, Lithographien, Photographien, Aquarellen, Bleiſtift-, Feder- und Tuſchzeichnungen, welche etwa 60 rieſige in der königlichen Privatbibliothek aufbewahrteAlbums bergen.*)

Der Inhalt jeder Mappe wird durch eine Aufſchrift gekennzeichnet: „Mitglieder deutſcher Fürſtenhäuſer, Porträts und Standbilder berühmter Perſonen, Architektoniſche Entwürfe, Schlöſſer und Schloßprojekte, Schlachten, Kalender, Almanache, Feſte und Feſtzüge, Allegorien, Koſtümbilder, Geräte und Gefäße, Kopien mittelalterlicher ruſſiſcher und orientaliſcher Gemälde, Illuſtrationen zu Richard Wagners Opern, Kupferſtiche aus Verſailles von Israel Silveſtres, Blätter aus dem

* Wiederholt drücke ich meine Dankbarkeit aus bezüglich der hochherzigen Erlaubnis zur Abbildung einiger Albumblätter in dieſem Werke, von Seite der Adminiſtration des Vermögens Sr. Majeſtät des Königs Otto von Bayern, ſowie bezüglich der Güte, mit welcher mir Herr Oberbibliothekar Oberſt von Longnolo bei meiner Arbeit entgegenkam.

Louvre und aus dem Oeuvre des van der Meulen, historische Ereignisse, Plafonds, Tapisserieen" u. s. w. u. s. w.

In Bezug auf den Thronsaal in Neuschwanstein entstanden mannigfache Zeichnungen und Aquarelle des Graltempels von Jank und von Ille, des Gralbechers von Ad. Guggenberger, Abbildungen der Ciborien in Santa Maria Maggiore, in Santa Prassede, in San Paolo fuori le Mura, in San Lorenzo, in San Clemente zu Rom, in San Ambrogio zu Mailand, ferner eine getreue Kopie des Tabernakels aus San Giorgio in Velabro zu Rom und desjenigen aus der Hagia Sophia in Konstantinopel.

Zahlreich sind unter den Porträts die französischen Könige vertreten, — dann Madame de Maintenon,

Elisabeth, Kaiserin von Oesterreich.

als Françoise d'Aubigné, als Gemahlin und Witwe des Parodiendichters Scarron, als mächtige Gattin des mächtigen Louis XIV. —, die schöne Montespan in vielen Auflagen, Mlle. de Fontages, die ob ihrer Liebe zu dem Sonnenkönig und ob ihrer turmhohen Frisuren berühmt geworden, — La Vallière, — Marie Antoinette, im Ausdrucke jugendlicher Freude, wie in dem des Schmerzes. Sehr anziehend sind unter den Porträts der Gegenwart die zweier hoher Frauen, welche

Jagdhütte auf dem Schachen. Äußere Ansicht mit Dreitorspitze.

für Ludwig II. das weibliche Ideal verwirklichten, Maria Alexandrowna, Kaiserin von Rußland, und Elisabeth, Kaiserin von Österreich. —

Selbstverständlich zeichnet sich auch Richard Wagner durch wiederholtes Erscheinen in den Albums aus. Fesselnder als die Wiedergaben der Physiognomie dieses großen Tondichters wirken auf den Betrachtenden die Originalpartituren mehrerer seiner Opern, die er dem Könige zum Geschenk machte. Da begegnet man Wagners „Fliegendem Holländer" mit dem weit zurückgreifenden Datum Meudon, 22. August 1841, und der vielsagenden Schlußkadenz: „In Not und Sorge."

Dieselben Worte bilden die Einleitung zu der 1841 erschienenen Novelle,*) in welcher Wagner sich selbst schildert. „Not und Sorge, Du Schutzgöttin des deutschen Musikers, falls er nicht etwa Kapellmeister eines Hoftheaters ist. Not und Sorge, Deiner sei auch bei dieser Erinnerung aus meinem Leben sogleich die erste rühmendste Erwähnung gethan. Laß Dich besingen, Du standhafte Gefährtin meines Lebens! Du hieltst treu an mir und hast mich nie verlassen."

---

*) Eine Pilgerfahrt zu Beethoven. Aus den Papieren eines wirklich verstorbenen Meisters.

Ferner gewahrt man den I. Akt der fast vollständig unbekannten komischen Oper „Das Liebesverbot" oder „Die Novize von Palermo"

Römischer Saal in der Jagdhalle auf dem Schachen.

frei nach Shakespeares Maß für Maß bearbeitet. Diese Partitur weist in der Widmung folgende Strophe auf:

Entwurf für einen Brunnen. Von H. Breling.
Albumblatt.

„Ich irrte einst und möcht es nun verbüßen.
„Wie mach' ich mich der Jugend Sünde frei?
„Ihr Werk leg ich demütig Dir zu Füßen,
„Daß Deine Gnade ihm Erlöser sei."

Luzern, zu Weihnachten 1866.

Richard Wagner.

Auf einer andern Partitur liest man nebst einem Gedichte: „Siegfried, III. Akt. Im Frühling 1869 aufgeführt und Seinem königlichen Freund zu dessen 25. Geburtstage geweiht von Richard Wagner."

Ein weiteres Heft ist überschrieben: „Götterdämmerung, Vorspiel und erster Aufzug. Vollständige Orchester-Skizze. Widmung zum 25. August 1870.

    — — „Gesprochen ist das Königswort,

     „Dem Deutschland neu erstanden." —

Und zwei Jahre später heißt es in den Wagner so geläufigen Stabreimen: „Götterdämmerung. 25. August 1872.

  — — — Vollendet das ewige Werk! — — —

  „Da steh' es stolz zur Schau, als kühner Königsbau

  „Prang' es prächtig der Welt."

Detail aus dem Kaiserlichen Saal, Schachen

Entwurf für eine Einsiedelei, Rückansicht. Von H. Breling.
Albumblatt.

All diese Partituren sind von Richard Wagners eigener Hand mit solcher Sorgfalt geschrieben, daß es schwer hält, sie von gestochenen Noten zu unterscheiden. — — — —

Von wunderbarer Farbenharmonie sind in einem Album die Aquarelle von F. Knab und von Breling, welche den orientalischen Saal in der k. Jagdhütte auf dem Schachen darstellen.

Hier, zwischen den zwei Fenstern, saß in türkischer Tracht Ludwig II. lesend, während der Troß seiner Dienerschaft, als Moslems gekleidet, auf Teppichen und Kissen herumlagerte, Tabak rauchend und Mokka schlürfend, wie es der königliche Herr befohlen hatte, der dann häufig überlegen lächelnd die Blicke über den Rand des Buches hinweg auf die stilvolle Gruppe schweifen ließ. Dabei dufteten Räucherpfannen,

und wurden große Pfauenfächer durch die Luft geschwenkt, um die
Illusion täuschender zu machen: eigentlich wurde nur der Tabaksqualm
hin und her geweht, und außerdem würde es keiner Mücke eingefallen

sein, sich die fast das ganze Jahr leer stehende Jagdhütte als Wohn-
stätte auszusuchen, um darin zu verhungern.

Zur Nutzanwendung für Façaden, Brunnen, Nischen erblickt man
in dieser Sammlung zahlreiche Allegorien und die nackten Götter und

Göttinnen des Olymps. Nur eine trägt, wie Heine sagt, „immer einen Panzer und den Helm auf dem Kopf und den Speer in der Hand. Es ist die Göttin der Weisheit." Im Goldgewand prangt Fortuna inmitte schäumender Wasser, das Bassin von Blumen eingefaßt, unweit davon lichtgrüne Laubgänge, die vom Tannendunkel wirkungsvoll

abstechen; das ist einer der Vorwürfe Brelings. Er hat einen wahren Farbenzauber in dieses Aquarell geworfen, und bei großartiger Auffassung eine miniaturartige Feinheit bekundet.

All' diese Hunderte und Tausende von Albumblättern hängen mit der Sinnesart des Königs zusammen und geben Aufklärung über dieselbe. Bei vielen war freilich der Stoff, nicht die künstlerische Behandlung maßgebend, bei anderen war sie Bedingung. Man sieht

Entwurf für ein Schmuckstück (Pfau auf einer Kugel).
Albumblatt.

aus den Blättern, wie die Wurzeln seines Verständnisses und seiner Einbildungskraft sich ausdehnten, Stamm und Zweige trieben, aber auch wie sich die Anschauungen verdichteten und verflochten, wie sie den Trübsinn entwickelten, dessen Last ihn so oft niederdrückte. So sind diese königlichen Albums ein weiterer Kommentar zu dem Wesen Ludwigs II.

Inneres der Handwerksstätte. Nach dem Gemälde von H. Breling. Allraussen.

Beim Weiter= blättern erblickt man eine Galerie von vierfüßigen Schönheiten, Photographien der bereits er= wähnten Aqua= relle Pfeiffers. Es sind des Königs Lieblingsreit= pferde, die sich in der elegantesten Haltung präsen= tieren. Ein jedes hebt sich scharf von dem beige= gebenen Hinter= grunde ab, der mit künstlerischem Scharfsinn aus= gewählt und jedem einzelnen Voll= blüttier angepaßt ist. So rastet die schnellfüßige „Erda" beim Kaiserbrunnen am Plansee, „Ort= wina" schaut nach eiligem Ritt am Kramer (Berg bei Garmisch) behag=

Vase im maurischen Saal, Schachen.

452

lich in bie Luft hinaus, „Nikur“ zeigt sich auf der Füssener Straße, „Erna“
auf dem Hochkopf. Die feingliedrige „Eboli“ hält vor dem Schluckenwirt
bei Hohenschwangau, „Ylva“ auf dem Bärschling. „Wala“ reckt sich in

„Equa rara“ beim Lauch. Nach dem Aquarell von W. Prasser.
Titelblatt.

stolzer Haltung vor dem Schweizerhaus der bergumgürteten Bleckenau,
„Regina“ steht am Fuße des Tegelberges, „Hildolf“ auf dem Herzogs-
stand, „Gunloed“ läßt sich’s in Percha am Starnbergersee wohl sein.

Entwurf für die geplante Burgkapelle auf Neuschwanstein. Von Peter Herwegen.
Albumblatt.

Die prächtige „Gerda" harrt ihres königlichen Reiters im Parke zu Berg, „Wuluspa" vor dem Schloß, und die von allen Pferdekennern damals bewunderte „Lucretia" an der Kaiserstiege der Residenz zu München.

Bei Nymphenburg sieht man „Antizone", und seiner Würde voll bewußt ist das Militärpferd „Hugibert", das Ludwig II. bei mancher Revue geritten.

„Alswidea" ist eine Staffage der Vorder=Riß — „Floridiana"

des Brunnenkopfes. Da schnuppert „Cosa rara" im Linderhof an einem gedeckten Wirtstisch herum. An dieses Bild knüpft sich die Erzählung, daß Ludwig II. diesen Prachtschimmel bisweilen vor einen servierten Lunch führen ließ, und in ein homerisches Gelächter aus=

Romanischer Entwurf für die geplante Burgkapelle auf Kirschwaßhein. Von G. Hauberrisser.
Albumblatt.

brach, wenn Cosa rara das Menu unwillig umstieß, da dieses statt
duftenden Heus und würzigen Habers nur Braten, Forellen und Rot-
wein darbot.

Bisweilen begegnet man auf den Albumsblättern einer hand-
schriftlichen Bemerkung Ludwigs II.; z. B. bei einer Apotheose
Ludwigs XV., die nach zwei altfranzösischen Kupferstichen al fresco
gemalt werden sollte: „Die Mittelgruppe des Plafonds im Lesezimmer
wie auf diesem Bilde, das Bild des Königs aber wie auf dem anderen.“
Bei einer Darstellung des hl. Georg für ein Glasfenster liest man:
„Die Figur der Jungfrau soll wegbleiben.“ Bei Möbel-, Gobelin-
Stickereivorlagen heißt es lakonisch „genehmigt, nicht genehmigt, giltig,
nicht giltig“.

Eine der Mappen enthält anmutige Muster für Fruchtschalen,
Salzfässer, Platten, Becher und Vasen: die Henkel sind des öfteren
aus schönen Frauengestalten gebildet, strenge oder weiche Formen
zeigend, je nachdem der Stil es gebietet.

Die für Neuschwanstein geplante Burgkapelle hat Peter Herwegen
in einer schönen Aquarelle dargestellt, charakteristisch sind seine nieder-
geschriebenen Bemerkungen auf dem linken Rande des Bildes:

„Um eine reichere Wirkung und Abwechslung in Form und Farbe
zu erreichen, so dachte ich mir die Burgkapelle in der Übergangszeit
vom Rundbogen zum Spitzbogen-Styl, daher die Fensterform in den
Seitenschiffen: unter denselben sind Engel gemalt, welche auf Schrift-
zettel die 8 Seligkeiten verkünden; die Kanzel, Taufstein und Mensa
romanisch, erstere wird von den Emblemen der 4 Evangelisten getragen,
an den Säulen die Evangelisten selbst. Im Mittelfenster erscheint
Christus der Weltrichter mit Maria und Johannes, der Ciborienaltar
wird in Form und Wirkung hier ganz am Platze sein. Die Kgl.
Loge ist mit dem bayer. Wappen geschmückt, über derselben in der
Kreisform thront die Patrona bavariae. In den Seitenschiffen und
Chorwänden können die Darstellungen der Geburt Christi, Anbetung
der 3 Könige, Himmelfahrt u. s. w. gemalt werden. — Figuren, der

untere Teil der Säulen, Kapitäle, sollen farbig und gold werden, wie es für jene Zeit charakteristisch ist.

Höhe des Mittelschiffs 45 Fuß, Breite 15 Fuß.

Höhe der Seitenschiffe 30 „   „   10 Fuß." —

Meisterhaft behandelte Hauberrisser den gleichen Vorwurf in gotischer und in romanischer Art. Ein sanftes Dämmerlicht durchdringt die zur Andacht stimmende Architektur; die Besucher des Gotteshauses scheinen in die weihevolle Stimmung hineingezogen zu sein, die der Künstler durch Farben- und Lichtkontraste, Bilder und Statuen hervorrief.

Die religiöse Kunst.

Die im Auftrage Ludwigs II. entstandenen Kunstschöpfungen religiöser Art sind gleich den weltlichen von bleibender Bedeutung, und sei ihnen das Schlußkapitel dieses Werkes gewidmet. Außer der Erbauung, Restaurierung und Ausschmückung der bereits erwähnten Kapellen, am Linderhof, zu Hohenschwangau und zu Neuschwanstein, veranlaßte der König die Bemalung der Kapelle zu Oberau durch Wilhelm Hauschild, welcher eine Himmelfahrt, den hl. Ludwig und die Mutter Gottes darstellte. Der Ausdruck der Maria, ihre Haltung und Hoheit befriedigten besonders den König, weniger das Blau ihres Mantels. Dieses Mantelblau der verschiedenen Madonnen richtig zu treffen, war die peinlichste Aufgabe für die Maler. Der Monarch suchte jedesmal in seiner Farbenskala die gewünschte Tinte aus, und so lange diese nicht erreicht war, mußte der Künstler, gleich der Penelope, das bisher Gearbeitete vernichten, und sein Werk von vorne beginnen. — Die wechselnden Lichtverhältnisse des Raumes, die Entfernung des Gegenstandes vom Auge des Beschauers, die Massenwirkung einer ausgedehnten Fläche, plädierten nie bei Ludwig II. zu Gunsten des Malers.

37

Maria mit dem Kinde und Ludwig II. als Georgiritter. Bemalte Holzskulptur von J. Knabl.
St. Georgskapelle auf Burg Trausnitz bei Landshut.

Für die Kapelle in der Vorder-Riß, welch letztere ihren Namen dem reißenden, sich in die Isar ergießenden Gebirgsbach verdankt, ließ Ludwig II. durch die in allen Weltteilen rühmlich bekannte Mayersche Hof-Kunstanstalt einen gotischen Altar mit einer in Holz geschnittenen, bemalten Kreuzigungsgruppe fertigen, ferner Kirchen- und Beichtstühle, sowie den Betstuhl für seinen persönlichen Gebrauch bei der sonntägigen Messe dortselbst. Galt doch alljährlich sein erster Ausflug von Berg aus in die Alpen der Vorder-Riß, die sehr früh schneefrei wird. Sie ist ein teils waldiges, teils grasbewachsenes, von Bergen umgebenes Thal, an dessen Eingang Maximilian II. ein Jagdhaus und die

Vase in versilbertem Zinkguß, Louis XIV.
Große Spiegelgalerie, Herrenchiemsee. 37

erwähnte Kapelle erbaut hat. Die Jagdbögen auf Gemsen waren unter
Maximilian II. im Revier Riß: „Galtboden, Stuhljöchl, Lange-Reisn,
Scharflanen, Gemskahr, Mooslopf und Röthlseitn“, die so hießen
nach dem Wild, Gestein oder nach den die Wände rötenden Alpenrosen.
Unter Ludwig II. belebten nicht mehr Jäger und Treiber das ro-
mantische Thal, sondern Vorreiter und Kutscher, denn hierher fuhr
der König im Schlitten und Wagen, und schwelgte ungestört in der
Poesie der Landschaft, die der Frühling mit zartem Grün zu über-
ziehen begann. — —

Eine besondere Beachtung schenkte der König der St. Georgs-
Kapelle, welche zu den ältesten Teilen der Burg Trausnitz bei Landshut
gehört und Kunstwerke verschiedener Zeitepochen enthält. So eine
Verkündigung aus dem 13. Jahrhundert: Maria sitzt auf einem romanischen Fürstenstuhl und nimmt ehrfurchtsvoll die Botschaft des vor
ihr stehenden Engels entgegen, der hl. Geist schwebt ihr als Taube
zur Seite. Das aus einer Gipsmasse geformte, bemalte Hautrelief
ist über lebensgroß.*) Als Ersatz für eine früher gegenüber stehende
und später zu Grunde gegangene Gruppe ließ Ludwig II. durch die
Mayer'sche Kunstanstalt eine polychrome Holzskulptur anfertigen. Die
Patrona Bavariae hält das Jesuskind auf dem Schoße, vor ihr kniet
Ludwig II. als Großprior des St. Georgsordens, mit zwei Engeln.

Der Bildhauer Fr. Knabl hat den König in der jugendlichen
Schönheit, die demselben zu eigen war, dargestellt. —

Noch einen anderen betenden Fürsten verewigte die Kunst in
diesem kleinen Gotteshaus.

Auf einem gemalten Altarflügel des 15. Jahrhunderts ist der
bayerische Herzog Heinrich der Reiche neben dem hl. Georg in Andacht
versunken: man sieht ihn hier in voller Rüstung. Auf dem zweiten

---

*) Ursprünglich waren die Figuren aus Metall; da sie bei einem Brand zerstört
wurden, ersetze man sie durch die erwähnten. Bening, Topographia Bavariae.
(Rentamt Burghausen.) Ferner Karl Maria von Aretin, „Altertümer und Kunst-
denkmäler des bayerischen Herrscherhauses“.

Altarflügel verrichtet er in bunter, goldgewirkter Gewandung sein Gebet nebst der hl. Elisabeth und der hl. Barbara. Jedem dieser Gemälde ist der bayerische Wappenschild beigefügt.

Mit Vorliebe ließ Ludwig II. die Anbetung der Könige und die der Hirten auf Hausaltären und Albumblättern veranschaulichen, oft und oft Christus am Kreuz in Elfenbein schneiden. —

Gegen das Ende der 70er Jahre verwehrte der stärker gewordene Hang zur Einsamkeit dem König wie bisher in der Dorfkirche zu Oberberg dem sonntägigen Gottesdienst Vormittags 11 Uhr, bei freiem Zutritt der Landleute und Sommerfrischler, anzuwohnen. Er ließ sich deshalb 1877 im Schloßgarten zu Berg eine Kapelle erbauen, um ohne die ihm lästigen Menschen die Messe

Wandfüllung in Holzschnitzerei, Louis XV.
Salle du Conseil, Herrenchiemsee.

hören zu können. Die Kapelle enthält Hauschilds Gobelinmalereien: Jesus, Maria, den hl. Ludwig, die Bekehrung des Saulus, den Fischfang des Petrus. — Aus den Jahren 1880 und 81 stammen die von Zettler gelieferten neun prächtigen Glasfenster der alten Hofkapelle zu München, in welcher, wie schon erwähnt, alljährlich das Hochamt beim Ordensfeste der Ritter St. Georgs gefeiert wird. In den vier Chorfenstern erblickt man farbenfeurig: Die hl. Dreieinigkeit, Maria, den hl. Georg, Kurfürst Karl Albert*) in dem Momente, in welchem er die Wiederherstellung des bayerischen Hausordens vom hl. Georg proklamiert (1729), meisterhaft gezeichnet von Benczur und von Andreas Müller. — Die im Renaissancestil gehaltenen Umrahmungen der Fenster zeigen auf den ersten Blick J. Hofmanns Hand. Die Fenster auf der Empore stellen das Abendmahl, die Auferstehung Christi und das Pfingstfest der Jünger dar, zu welchen Julius Frank die Kartons zeichnete.

Wandfüllung in Holzschnitzerei, Louis XV.
Salle du Conseil, Herrenchiemsee.

* 1742 zum deutschen Kaiser gewählt als Karl VII.

Inneres der Reichen Kapelle. Kgl. Residenz in München.

1885 ließ der König die herrlichen Fenster im Chor und im Kreuzschiff der neuerbauten Stadtpfarrkirche zu Giesing durch die Zettler'sche Hof-Glasmalanstalt herstellen. Leonhard Dopfer führte die architektonischen Entwürfe Zettlers, die figürlichen Kolmspergers in seiner gediegenen Weise aus, die an alte Kunstwerke erinnert. — Wie hoch der König Zettlers Arbeiten schätzte, geht aus folgendem Auftrage hervor.

* Reliquiar.
„Ausgewählte Kunstwerke a. d. Schatze der reichen Kapelle zc."
von J. A. Zettler u. A.

Königin Viktoria hatte die Arundel Society in London dazu angeregt, die bedeutendsten Gegenstände des englischen Kronschatzes in Farbendrucken herauszugeben, und übersandte die erschienenen Lieferungen König Ludwig II. Sogleich entstand in diesem der Gedanke eines Gegengeschenkes, es sollte aus einem Prachtwerke bestehen, das Abbildungen der Kleinodien und Kostbarkeiten des bayerischen Herrscherhauses enthielte. Vor allem kamen die Schätze der reichen Kapelle an die Reihe. J. Zettler fiel die ehrenvolle Aufgabe zu, das Prachtwerk herzustellen. Er löste sie begeistert und zu des Königs vollster Zufriedenheit. Aber auch welche Fülle an Kunst weisen die oft „mit 20 bis 24 Farben und Gold-Platten her-

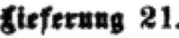

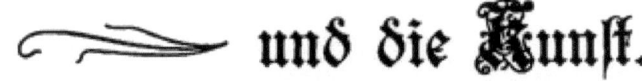

König Ludwig II.

und die Kunst.

Von

Louise von Kobell.

Mit zahlreichen, zum Teil bisher noch unveröffentlichten
Illustrationen und Kunstbeilagen.

Verlag von Jos. Albert, München.

1898.

Vollständig in 21 Lieferungen à 50 Pfg. Gesamtpreis Mk. 10.50.

Aus dem vorliegenden Prachtwerke hat die Verlagshandlung Separat-Ausgaben der einzelnen Schlösser veranstaltet, die unter dem Kollektivtitel:

Monographien der Bayer. Königsschlösser

erschienen sind; es liegen vor:

Monographien der Bayer. Königsschlösser.

1. **Das Königlich Bayerische Schloß Linderhof.** Mit zahlreichen Abbildungen im Text und 2 Kunstbeilagen. 1898 . ℳ 1.50.

— „ — 2. **Das Königlich Bayer. Schloß Herrenchiemsee.** Mit zahlreichen Abbildungen im Text und 6 Kunstbeilagen. 1898 . ℳ 2.—.

— „ — 3. **Das Königlich Bayer. Schloß Hohenschwangau.** Mit zahlreichen Abbildungen im Text. 1898 . . . . ℳ 2.—.

— „ — 4. **Das Königlich Bayer. Schloß Neuschwanstein.** Mit zahlreichen Abbildungen im Text. 1898 . . . . ℳ 2.50.

— „ — 5. **Das Königlich Bayer. Schloß Berg.** Mit zahlreichen Abbildungen im Text und 6 doppelseitigen Vollbildern. 1898 ℳ 1.50.

In empfehlende Erinnerung bringe ich meine

Photographischen Original-Aufnahmen Richard Wagners.

Facsimile-Format: Kartongröße 100 : 74 cm, Bildgröße ca. 75 : 50 cm.

Preis à ℳ 36.—.

Nr. 88 Brustbild.

Royal-Format: Kartongröße 65 : 48 cm, Bildgröße ca. 42 : 30 cm.

Preis à ℳ 9.—.

Nr. 88 Brustbild.

Folio-Format: Kartongröße 48 : 32 cm, Bildgröße ca. 28 : 21 cm.

Preis à ℳ 4.50.

Als Panel-Boudoir-Format auf starkem, schwarzen Karton mit abgeschrägtem Goldrand. Preis à ℳ 5.50.

Nr. 1079a Brustbild.

Cabinet-Format: Kartongröße 17½ : 11½ cm, Bildgröße ca. 14 : 10 cm.

Preis à ℳ 1.50.

Nr. 1076a, 1076b, 1078a, 1079 Brustbilder.

Visit-Format: Kartongröße 10½ : 6½ cm, Bildgröße ca. 9 : 5½ cm.

Preis à ℳ —.85.

Nr. 613, 614, 615, 616, 618, 619 Brustbilder.
Nr. 618 Kniestück.

Fortsetzung siehe Umschlagseite 4.

gestellten Tafeln" auf, die nur Bewunderungswertes wiedergeben.

Z. B. das romanische Kreuz, die schön gefaßten Reliquien, den Kelch aus Bergkrystall, den Hochzeitsschrein, den Herzog Albrecht V. seiner Braut Anna von Oesterreich geschenkt. Das letztere Kleinod ist aus Ebenholz gefertigt mit Heiligen, Blumengewinden und Fratzenköpfen, aus den vornehmsten Metallen

Reliquiar.
„Ausgewählte Kunstwerke aus dem Schatze der reichen Kapelle ꝛc."
von F. X. Zettler u. a.

38

Hausaltar Albrechts V.
„Ausgewählte Kunstwerke aus dem Schatze der reichen Kapelle ꝛc."
von J. X. Zettler u. a.

und Steinen, mit einer in Bergkrystall eingeschliffenen Welterschaffung
verziert. Der sinnig gedachte, mit technischer Vollendung ausgeführte

Adam und Eva im Paradies.
Hausaltar Albrechts V.

Hausaltar Albrechts V. ist fast überreich an Nischen, emaillierten Heiligenfiguren, Blumenarabesken, Edelsteinen, Säulen, Karyatiden, Fabeltieren, Büsten, Engelsköpfen und Wappen. Unten erschaut man in weißem und farbigem Email Adam und Eva im Paradies vor dem verhängnisvollen Apfelbaum, an dem jedoch kein Apfel hängt. Die Schlange ringelt sich von demselben herab, Reh, Hirsch und Hund, Affe und Storch, Löwe und Hase, Einhorn und Eichkätzchen verkehren in paradiesischer Harmlosigkeit miteinander. Dann erblickt man die Vertreibung aus dem Paradies — weiterhin pflügt Adam seinen Acker, Eva säugt ihren Erstgeborenen, Alles kunstvoll in Email gearbeitet. — Meisterwerke sind gleichfalls die Kreuzabnahme in Wachs auf Schieferstein von Michel Angelo: die aus Buchsholz geschnittene Betnuß, bei deren Öffnung man die Anbetung der Könige und die der Hirten sieht, 250 minimale Menschen und Tiere, jeder und jedes individualisiert in der Raumweite eines Thalers, — ferner die von Jamnitzer ziselierte Silberglocke*) mit den Schnecken, Schildkröten, Fröschen, Löwenköpfen, Eidechsen, Blumen, mit der weiblichen Büste auf dem Griffe, mit dem Acanthuskranz am unteren Rande der Glocke: — die mit Perlen und Kameen, voll biblischen und mythologischen Inhaltes geschmückte Lade, in welcher zwei Skelette liegen, wie die fromme Tradition angibt, aus der Zahl der unschuldigen Kindlein, die dem Herodes zum Opfer fielen.

*) Das germanische Museum besitzt den Entwurf zu dieser Glocke mit folgender Erklärung: „Ist das silberne Glöckle auf dem Westgiebel der Lorenzkirche" (in Nürnberg).

Vertreibung aus dem Paradiese und Adam und Eva bei der Arbeit.
Hausaltar Albrecht V.

Unter all' den Monstranzen, Kreuzen, Emailbildern, päpstlichen Rosen,
Opferschalen, Engeln und Göttinnen, denn die Renaissance verschmolz
Heidentum und Christentum, ward auch das Altärchen der Maria Stuart,
das sie als Amulett trug, zur Abbildung von Ludwig II. auserjehen. Es
besteht aus Gold und durchsichtimmerndem Email, ist mit Flügelthürchen
versehen und enthält folgende auf Gold gravierte Darstellungen:
Gott Vater, Sohn und heiliger Geist, ferner die Beschneidung, Christus
am Ölberg, die Geißelung, die Dornenkrönung, Christus am Kreuz,
die Auferstehung. „Bei letzterer“ sagt von Hefner-Alteneck in seinem
für Kultur- und Kunstgeschichte so wertvollen Werke*) „sehen wir
einen schlafenden Krieger, genau in der Waffentracht der zweiten
Hälfte des XIV. Jahrhunderts, welche, abgesehen von der Stil- und
Kunstweise des ganzen Bildwerkes die Entstehungsperiode beurkundet.“
Weiter erblickt man die Verkündigung, die Anbetung der Könige, die
Krönung Mariä, Maria als Kind und ihre Mutter Anna, die
Heimsuchung, Johannes den Täufer, Jakobus, Canut und Egidius,
den hl. Christoph mit dem Jesuskind und eine Menge Märtyrer mit
goldsch immernden Nimben. Gott und alle Heiligen haben goldene Ge-
sichter; die Gewänder, Pflanzen und Gewässer sind mit farbigem,
durchscheinendem Email überzogen. Der grüne und der blaue Hintergrund, durch schwarze Linien in Quadrate geteilt, zeigt das beliebte
Schachbrettmuster.

**) Trachten, Kunstwerke und Gerätschaften vom frühen Mittelalter bis
Ende des achtzehnten Jahrhunderts von Dr. J. H. von Hefner-Alteneck. Frank-
furt a. M. Verlag von Heinrich Keller.

Silberglocke von W. Jamnitzer.
„Ausgewählte Kunstwerke aus dem Schatze der reichen Kapelle ꝛc."
von J. X. Zettler u. a.

In der Kerkerhaft verrichtete die unglückliche Königin der Schotten ihre heißen Gebete vor diesem Altärchen, und als sie zum Blutgerüst schreiten mußte, übergab sie es ihrer Kammerfrau Elisabetha Vaur, diese vermachte es dem Jesuiten-General

Altärchen der Maria Stuart, rechte Seite.
„Ausgewählte Kunstwerke aus dem Schatze der reichen Kapelle ꝛc."
von J. X. Zettler u. a.

Aquaviva, der Jünger Loyolas dem Papst Leo XI., der Papst ver-
ehrte es dem Hause Lothringen, die lothringische Prinzessin Elisabeth
ihrem Gemahl, dem bayerischen Kurfürsten Maximilian I., dieser stiftete
es in die reiche Kapelle. — Die Kopie wurde in das besagte, ver-
öffentlichte Prachtwerk*) eingereiht. — Dasselbe ist eine Fundgrube für
das Kunststudium aller Zeiten und war die Quelle, aus welcher der
König manch' erhabenen Gedanken und manch prächtigen Zierat für
seine Werke geschöpft und somit den Aufschwung des bayerischen
Kunstgewerbes auf's wirksamste gefördert hat.

* „Ausgewählte Kunstwerke aus dem Schatze der reichen Kapelle in der
Königlichen Residenz zu München." Herausgegeben] von J. X. Zettler, In-
haber der k. Hofglasmalerei, von Tekan Leonhard Enzler, Custos der reichen Kapelle, und von Dr. J. Stockbauer, Professor der Kunstgeschichte. München 1876.
Verlag von J. X. Zettler.

Altärchen der Maria Stuart, linke Seite.
„Ausgewählte Kunstwerke aus dem Schatze der reichen Kapelle rc."
von F. X. Zettler u. a.

Von den Gebetbüchern, die der König auf Pergament schreiben
und mit Miniaturen verzieren ließ, ist wohl dasjenige das merkwür-
digste, welches kalligraphisch und bildlich (der Text ist Allioli entnommen), dem berühmten Codex aureus durch Hans Fleschütz nach-
gebildet wurde, wenn es auch unvollendet blieb. Der mit goldenen
Uncialbuchstaben geschriebene Codex aureus, die vier Evangelien, entstand 870 auf Befehl Kaiser Karls des Kahlen und befindet sich
nun in der Münchener Hof- und Staatsbibliothek. Ludwigs II. Anordnungen in Betracht des erwähnten Gebetbuches sind der Charakte-
ristik wegen hier in Kürze zusammengefaßt: „Der Codex aureus muß als
Vorbild dienen; das Werk ist im byzantinischen nicht im romanischen
Stile zu halten — die Rand- und Mittelleisten können frei, nach
der Phantasie des Künstlers, jedoch stilgerecht in Farbe und Gold
ausgeführt werden mit der Bedingung, daß jedes Blatt verschiedene

Kaiser Karl der Kahle auf dem Throne. Titelblatt des Codex aureus.
Aus: Kobell, Kunstvolle Miniaturen und Initialen. Verlag Jos. Albert, München.

Rand- und Mittelleisten habe. Das Titelblatt, in welchem Kaiser Karl
der Kahle auf einem goldenen, reich mit Edelsteinen geschmückten
Throne sitzt, ist genau, ohne die geringste Änderung wiederzugeben. —
Die Gebete sind durchgehends in Gold zu schreiben, die Titel der
Gebete in Goldschrift auf Purpurgrund. Der Einband des Gebet-
buches muß sehr schön und reich werden, mit Bronze, Email und mit
Elfenbeinreliefs."

So oft Fleischütz seine Arbeiten zur Ansicht einsandte, erntete er
des Königs „allerhöchste Zufriedenheit", hat er sich doch gleich den
geistlichen Brüdern Beringarius und Liuthardus *) als Meister in

*) Schreiber und Miniatoren des Codex aureus.

Anbetung des Lammes. (Codex aureus.)
Aus: Kobell, Kunstvolle Miniaturen und Initialen. Verlag Jos. Albert, München.

Schrift und Bildwerk bewährt. Diese Prachtblätter sind wegen des Textes für kirchliche Zwecke geeignet und würden wegen der Initialen und Miniaturen jeglicher Bibliothek zur Zierde gereichen. — —

Mit belebendem Geist wollte einmal der König die Beschaffenheit einer niederen, sündigen Seele und die einer geläuterten allegorisch darstellen lassen. Er hatte dazu vier romanische Säulen, für sein Wohnzimmer zu Neuschwanstein ersonnen. Die einen sollten rankende, verwilderte Pflanzen zeigen, aus deren Blattwerk giftige Schlangen und Kröten hervorgrinsen, die Versinnbildlichung der Hölle ent-

474

Chriſtus von vier Propheten und den Evangeliſten umgeben. (Codex aureus ·
Aus Hobell. Kunſtvolle Miniaturen und Initialen. Verlag Joſ. Albert, München.

ſtammter roher Begierden und Leidenſchaften. Den anderen Säulen
ſollten Lilien entwachſen, deren Kelchen Engel entſteigen — eine

Symbolik der vergeistigten Seele und des Himmels. — Es geht ein Dante'scher Zug durch diese Königsphantasie, welcher Perron plastische Gestalt gab, wenn auch nur in Gips, da die geplante Ausführung in aufzulegender Goldbronze leider unterblieb. —

Welch' großen Aufschwung und welch' mächtige Förderung Kunst und Kunstgewerbe dem Genius Ludwigs II. zu danken haben, mag aus vorliegendem Werke zur Genüge erhellen, wenn sich auch manches der Erwähnung entzog, wie man ja bei der Beschreibung eines Waldes weder jeden einzelnen Baum noch jedes einzelne Blatt hervorheben kann. —

* * *

Ludwig II. war eine schöne, imposante Gestalt; ein scharfer Verstand, hohe Bildung und das glühende Verlangen Herrliches zu schaffen, zeichneten ihn aus, aber eine krankhafte Naturanlage brachte ihn um den Ruhm und das Glück, zu welchen er vermöge seiner Eigenschaften berufen erschien. Die Geistesumnachtung erfaßte den unglücklichen Monarchen inmitte seiner blühenden Kunstschöpfungen. Schon einige Zeit vor des Königs Scheiden aus dieser Welt war sein Geist vom Licht geschieden. Deshalb war die Befürchtung gerechtfertigt, seine ferneren Handlungen möchten für ihn und sein Land unheilvoll werden.

Im Starnbergersee, an dessen Ufer er so gerne weilte, fand Ludwig II. unvorhergesehener Weise den Tod in den Wellen. Erschütternd wirkte das tragische Ereignis auf ganz Bayern. „Niemals hat die der Nachtseite des Lebens angehörige Erscheinung des geistigen Krankseins ein edleres Opfer gefordert als König Ludwig II.", sagte Jakob von Türk in seiner ergreifenden, am 21. Juni 1886 gehaltenen Ansprache in der St. Michaelshofkirche.

Da der Thronerbe, der liebenswürdige, unglückliche Prinz Otto, einem unheilbaren, geistigen Leiden verfallen war, wurde er zwar, der Verfassung gemäß mit der Königswürde bekleidet, aber den Scepter

konnte er nicht übernehmen. So gelangten die Zügel der Regierung
an den nächsten Agnaten des Thrones, an den hochherzigen Prinzen
Luitpold von Bayern, der sie mit ruhiger fester Hand zum Wohle
seines Volkes führt und dem Vertrauen sowie den Hoffnungen, welche
man ihm entgegen brachte, Bürgschaft und Bestand verlieh.

Herzeleide, Parcivals Mutter.
Von der Zenllerwand des Sängersaales, Kreischwanstein.

Inhalts-Verzeichnis.

Abbildungen.

Titelbild in Photogravüre: König Ludwig II. von Bayern in General-Feldmarschallsuniform.

— — —

Kunstbeilagen:

Doppelseitige Vollbilder:

Abbildungsregister.

Namen- und Sachregister.